CB078270

LIGAMUNDO

CIÊNCIAS

CÉSAR DA SILVA JÚNIOR

Licenciado em História Natural pela Faculdade de Filosofia, Ciências e Letras da Universidade de São Paulo (USP)

Professor de Biologia da rede particular de ensino de São Paulo

SEZAR SASSON

Licenciado em Ciências Biológicas pelo Instituto de Biociências da USP

Professor e autor de Biologia

PAULO SÉRGIO BEDAQUE SANCHES

Bacharel em Física pelo Instituto de Física da USP

Licenciado em Física pela Faculdade de Educação da USP (habilitação em Física, Química e Matemática)

Mestre em Educação a Distância pela Universidad Nacional de Educación a Distancia (Uned) – Cátedra Unesco, Madri, Espanha

SONELISE AUXILIADORA CIZOTO

Bacharel em Pedagogia pelo Centro Universitário Salesiano de São Paulo

Pós-graduada em Educação pela Faculdade Integrada Metropolitana de Campinas (Metrocamp), São Paulo

Professora de graduação e pós-graduação nas áreas de Psicologia e Educação

DÉBORA CRISTINA DE ASSIS GODOY

Bacharel em Pedagogia e especialista em Alfabetização pela Universidade Estadual de Campinas (Unicamp)

Professora e coordenadora de Ensino Fundamental da rede particular de ensino em Campinas, São Paulo

3º ano

Ensino Fundamental • Anos Iniciais

Editora Saraiva

São Paulo – 1ª edição – 2018

Editora Saraiva

Direção geral: Guilherme Luz
Direção editorial: Luiz Tonolli e Renata Mascarenhas
Gestão de projeto editorial: Tatiany Renó
Gestão e coordenação de área: Isabel Rebelo Roque
Edição: Daniela Teves Nardi, Daniella Drusian Gomes, Carlos Eduardo de Oliveira, Giovana Pasqualini da Silva e Luciana Nicoleti
Gerência de produção editorial: Ricardo de Gan Braga
Planejamento e controle de produção: Paula Godo, Roseli Said e Marcos Toledo
Colaboração para desenvolvimento da seção *Conectando saberes*: Mauro César Brosso e Suzana Obara
Revisão: Hélia de Jesus Gonsaga (ger.), Kátia Scaff Marques (coord.), Rosângela Muricy (coord.), Ana Paula C. Malfa, Brenda T. M. Morais, Carlos Eduardo Sigrist, Daniela Lima, Gabriela M. Andrade, Hires Heglan, Luiz Gustavo M. Bazana, Maura Loria, Patrícia Travanca, Amanda Teixeira Silva e Bárbara de M. Genereze (estagiárias)
Arte: Daniela Amaral (ger.), André Gomes Vitale (coord.) e Renato Akira dos Santos (edit. arte)
Diagramação: Renato Akira dos Santos
Iconografia: Sílvio Kligin (ger.), Roberto Silva (coord.), Douglas Cometti e Roberta Freire (pesquisa iconográfica).
Licenciamento de conteúdos de terceiros: Thiago Fontana (coord.), Angra Marques e Flavia Zambon (licenciamento de textos), Erika Ramires, Luciana Pedrosa Bierbauer e Claudia Rodrigues (analistas adm.)
Tratamento de imagem: Cesar Wolf e Fernanda Crevin
Ilustrações: André Shitetsu Toma, Beatriz Mayumi, Dawidson França, Eduardo Medeiros, Estúdio Lab307, Felix Reiners, Hélio Senatore, Imaginário Studio, Julio Dian, Leo Vargas, PriWi, Studio Caparroz e Wilson Jorge Filho
Cartografia: Eric Fuzii (coord.)
Design: Gláucia Correa Koller (ger.), Erika Tiemi Yamauchi Asato (projeto gráfico e capa) e Talita Guedes da Silva (capa)
Foto de capa: Irina Bg/Shutterstock
Ilustração de capa: Ideário Lab

Todos os direitos reservados por Saraiva Educação S.A.
Avenida das Nações Unidas, 7221, 1º andar, Setor A – Espaço 2 – Pinheiros – SP – CEP 05425-902
SAC 0800 011 7875
www.editorasaraiva.com.br

Dados Internacionais de Catalogação na Publicação (CIP)
(Câmara Brasileira do Livro, SP, Brasil)

Ligamundo : ciências 3º ano / César da Silva Júnior....[et al.]. -- 1. ed. -- São Paulo : Saraiva, 2018.

Outros autores: Sezar Sasson, Paulo Sérgio Bedaque Sanches, Sonelise Auxiliadora Cizoto, Débora Cristina de Assis Godoy.
Suplementado pelo manual do professor.
Bibliografia.
ISBN 978-85-472-3425-6 (aluno)
ISBN 978-85-472-3426-3 (professor)

1. Ciências (Ensino fundamental) I. Silva Júnior, César da. II. Sasson, Sezar. III. Sanches, Paulo Sérgio Bedaque. IV. Cizoto, Sonelise Auxiliadora. V. Godoy, Débora Cristina de Assis.

18-16309 CDD-372.35

Índices para catálogo sistemático:
1. Ciências : Ensino fundamental 372.35

Maria Alice Ferreira – Bibliotecária – CRB-8/7964

2020
Código da obra CL 800587
CAE 628043 (AL) / 628044 (PR)
1ª edição
1ª impressão

ABDR – Cópia não autorizada é crime – Respeite o direito autoral

Impressão e acabamento: Gráfica Eskenazi

Uma publicação SOMOS EDUCAÇÃO

Apresentação

O mundo em que vivemos é maravilhoso! Nele, acontecem muitas coisas que nos deixam curiosos.

Quando você observa o mundo e pensa sobre ele, começa a fazer perguntas. Esse é o momento para investigar, experimentar, testar e fazer novas perguntas...

Fazer isso é fazer ciência!

Quando você compreende melhor o mundo, pode agir nele com mais consciência. Assim, vai respeitar mais a você mesmo, aos outros e à natureza.

Suas decisões serão mais acertadas, e você poderá viver melhor neste mundo tão incrível!

Os autores

Conheça seu livro

Abertura da unidade

Na abertura de cada unidade você vai observar imagens e refletir sobre elas. Esse é o momento para ver o que você já sabe e despertar seu interesse pelo tema que será estudado.

Conectando saberes

A partir de temas interessantes, descubra como a ciência se relaciona com outras áreas do conhecimento e reflita sobre cidadania.

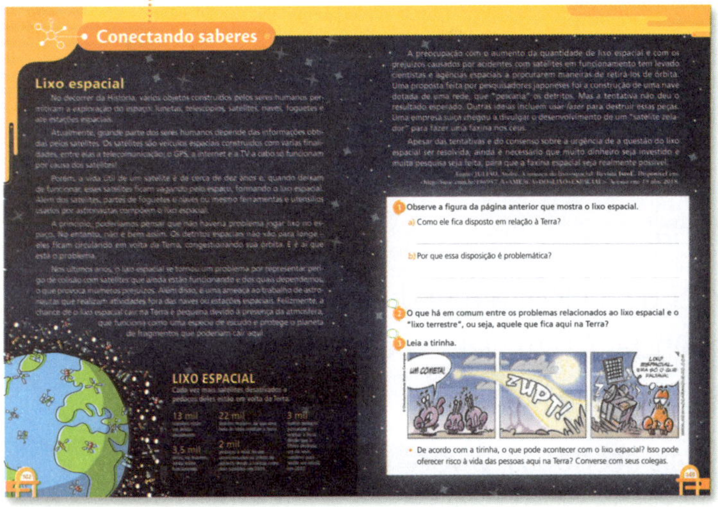

Sugestões

Nesta seção, você encontrará recomendações de livros, vídeos, filmes, músicas e endereços na internet.

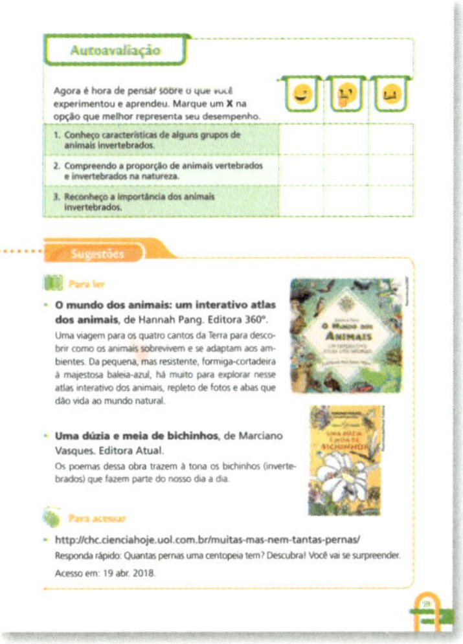

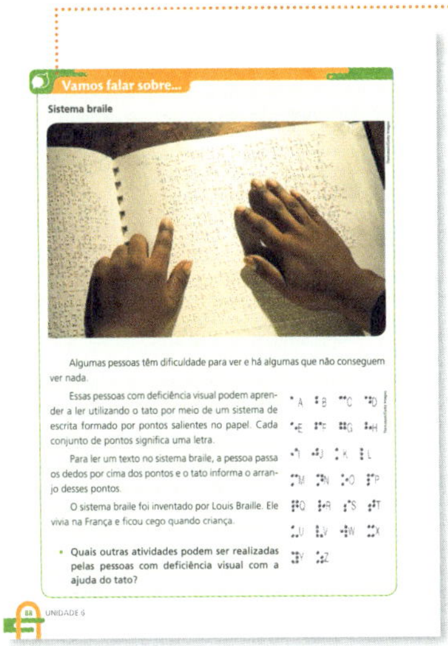

Vamos falar sobre...

Entenda como os seus conhecimentos de ciências podem ajudar a compreender temas relacionados à cidadania, à cultura, entre outros.

Glossário

Aqui você vai encontrar o significado das palavras destacadas no texto.

Agora é com você

Nesta seção, você vai utilizar o que aprendeu para fazer novas descobertas.

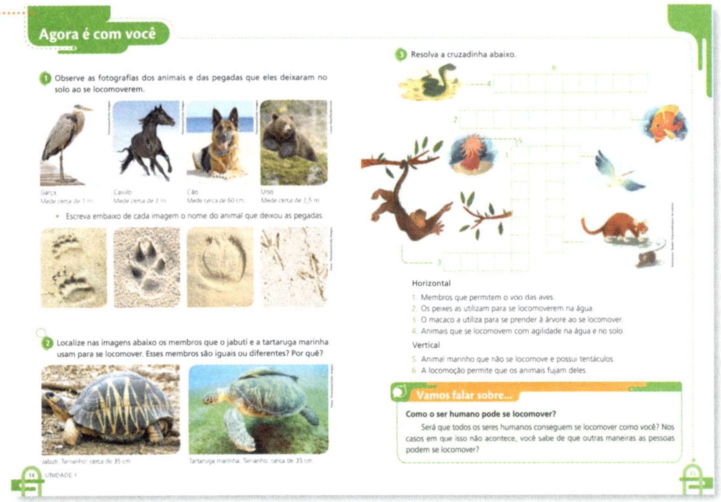

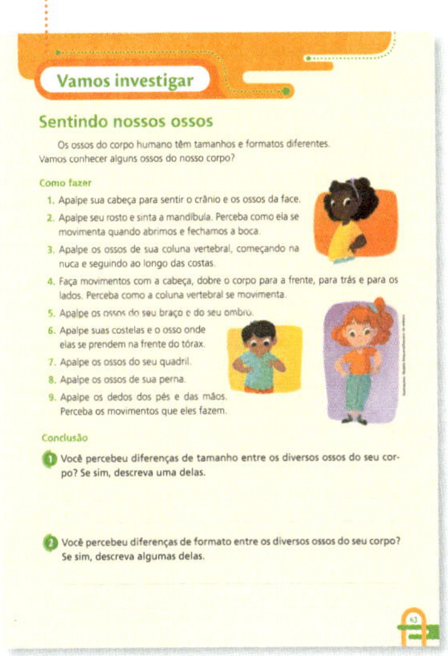

Vamos investigar

Nesta seção, você vai realizar experimentos com atividades de observação e prática para enriquecer e ampliar o estudo do tema.

Ícones que indicam como realizar as atividades:

- Oral
- Em dupla
- Em grupo

Sumário

Thinkstock/Getty Images

UNIDADE 1

Locomoção e nutrição

Nesta unidade você vai:

- Comparar os seres humanos com os demais animais.
- Conhecer algumas formas de locomoção dos animais.
- Classificar os animais quanto à alimentação.

Observe a imagem e converse com seus colegas:

1. A imagem retrata um comportamento da onça--pintada necessário para sua sobrevivência. Qual é esse comportamento?
2. Por que correr muito rápido é importante tanto para a onça-pintada quanto para a capivara?
3. Você precisa correr muito rápido para sobreviver?

Zig Koch/Natureza Brasileira

Os animais: diferenças e semelhanças

Ao observar seus colegas, você consegue perceber que existem diferenças e semelhanças entre você e eles.

E o que você diria sobre as diferenças e semelhanças entre você e outros animais, como as aves, as serpentes e os gatos?

1 **Observe as imagens a seguir.**

Veronica Louro/Shutterstock

Crianças.

Lee319/Shutterstock

Papagaio.

Ermolaev Alexander/Shutterstock

Gato.

Eric Isselee/Shutterstock

Serpente.

• Elementos não proporcionais entre si

a) Você sabe dizer alguma característica diferente entre você e uma ave? E uma diferença entre você e uma serpente?

b) Agora vamos considerar as semelhanças entre você e outros animais. Você sabe dizer o que você tem em comum com um gato?

2 Observe as figuras e pinte aquelas que mostram atividades feitas tanto pelo ser humano quanto por outros animais.

Escovar os dentes.

Alimentar-se.

Ler.

Beber água.

Locomover-se.

Dirigir.

Ilustrações: Beatriz Mayumi/Arquivo da editora

Locomoção

A locomoção é muito importante para os animais, pois permite que eles procurem alimento e que fujam quando se sentem em perigo. Ser capaz de se alimentar e de fugir dos **predadores** são duas características fundamentais, pois garantem a sobrevivência do animal.

Predador: animal que ataca outro para se alimentar dele.

Quando um animal se locomove, seus movimentos fazem com que ele mude de lugar. Andar, correr, nadar e voar são exemplos de tipos de locomoção.

As aves, as serpentes, os gatos e os seres humanos se locomovem de maneiras diferentes.

Mas há animais, como os corais e as anêmonas, que não se locomovem e vivem fixos no mesmo lugar.

Kuttelvaserova Stuchelova/Shutterstock

Mexilhões adultos não se locomovem e vivem presos às rochas à beira-mar. Tamanho: cerca de 8 cm.

Fabio Colombini/Acervo do fotógrafo

A anêmona é um animal que vive no mar, fixo sobre rochas, conchas ou nas costas de caranguejos. Com seus **tentáculos**, que se movimentam, ela captura pequenos animais marinhos para se alimentar. As anêmonas podem medir de 5 cm a 45 cm.

Tentáculo: prolongamento do corpo que se move e é usado para o animal obter alimento.

Os animais locomovem-se no solo, no ar ou na água.

Para se locomover, os peixes usam as nadadeiras, os pássaros usam as asas e muitos animais usam as pernas.

Alguns macacos usam as mãos e até mesmo a cauda para se deslocar entre os galhos das árvores.

- **Quais partes do seu corpo você usa para se locomover?**

....

Sean Crane/Minden Pictures/Fotoarena

O macaco-aranha usa todos os membros e a cauda para se locomover. Tamanho: cerca de 60 cm sem a cauda.

Matt Jeppson/Shutterstock

As serpentes podem se locomover no solo ou na água de maneira muito ágil. Tamanho: de 1 m a 2 m.

Minden/Fotoarena

Quando a medusa contrai seu corpo, ela expulsa um jato de água do mar e se locomove. O tamanho das medusas pode variar de 2 cm a 2 m.

Agora é com você

1 Observe as fotografias dos animais e das pegadas que eles deixaram no solo ao se locomoverem.

Garça.
Mede cerca de 1 m.

Cavalo.
Mede cerca de 2 m.

Cão.
Mede cerca de 60 cm.

Urso.
Mede cerca de 2,5 m.

Thinkstock/Getty Images
Thinkstock/Getty Images
Thinkstock/Getty Images
Canon Boy/Shutterstock

- Escreva embaixo de cada imagem o nome do animal que deixou as pegadas.

Fotos: Thinkstock/Getty Images

....

2 Localize nas imagens abaixo os membros que o jabuti e a tartaruga marinha usam para se locomover. Esses membros são iguais ou diferentes? Por quê?

Jabuti. Tamanho: cerca de 35 cm.

Tartaruga marinha. Tamanho: cerca de 35 cm.

Fotos: Thinkstock/Getty Images

3 Resolva a cruzadinha abaixo.

Ilustrações: Beatriz Mayumi/Arquivo da editora

Horizontal

1. Membros que permitem o voo das aves.
2. Os peixes as utilizam para se locomoverem na água.
3. O macaco a utiliza para se prender à árvore ao se locomover.
4. Animais que se locomovem com agilidade na água e no solo.

Vertical

5. Animal marinho que não se locomove e possui tentáculos.
6. A locomoção permite que os animais fujam deles.

Vamos falar sobre...

Como o ser humano pode se locomover?

Será que todos os seres humanos conseguem se locomover como você? Nos casos em que isso não acontece, você sabe de que outras maneiras as pessoas podem se locomover?

Alimentação

Converse com seus colegas:

1. Animais que se alimentam apenas de plantas são chamados **herbívoros**. Qual dos animais das imagens abaixo é herbívoro?
2. Os animais que só comem carne são **carnívoros**. Qual dos animais abaixo é carnívoro?
3. Animais com alimentação variada, que comem carne, folhas, frutos, sementes, são **onívoros**. Qual dos animais abaixo é onívoro?

Fabio Colombini/Acervo do fotógrafo

Onça-pintada comendo carne.
Tamanho: cerca de 150 cm.

spfotocz/Shutterstock

Coelho comendo plantas.
Tamanho médio: cerca de 30 cm.

Oxford Scientific RM/Getty Images

Ger Bosma/Alamy/Latinstock

Lobo-guará se alimentando de um fruto e da carne de outro animal. O lobo-guará mede cerca de 1 m de comprimento e 90 cm de altura.

Agora, volte à página 10 e converse com seus colegas:

4. Dos animais mostrados na página 10, qual pode ser chamado de herbívoro? Por quê?
5. Qual pode ser chamado de carnívoro? Por quê?
6. Qual pode ser chamado de onívoro? Por quê?

Agora é com você

1 Ligue cada animal ao tipo de alimento que ele consome.

• Elementos não proporcionais entre si

Eric Isselee/Shutterstock

Os leões medem cerca de 120 cm de altura.

robert_s/Shutterstock

VanderWolf Images/Shutterstock

Os bois medem cerca de 190 cm de altura.

Hue Ta/Shutterstock

Eric Isselee/Shutterstock

Chimpanzé jovem. Quando adulto pode medir cerca de 140 cm de altura.

Jiang Hongyan/Shutterstock

Agora é com você

2 Observe o prato que Pedro preparou.

diogoppr/Shutterstock

a) Quais alimentos estão nesse prato?

....

....

b) Os alimentos que estão nesse prato são de origem:

☐ apenas vegetal. ☐ apenas animal. ☐ vegetal e animal.

c) Há pessoas que escolhem não comer carne. Como são chamadas as pessoas que têm esse hábito alimentar?

....

3 Resolva a cruzadinha abaixo.

Vertical

1. Alimento obrigatório de um leão.
2. Animal que consome o mesmo tipo de alimento que a onça.

Horizontal

3. Comida de coelho.
4. Come somente vegetais.
5. Animal que se alimenta tanto de carne quanto de plantas.

Autoavaliação

Agora é hora de pensar sobre o que você experimentou e aprendeu. Marque um **X** na opção que melhor representa seu desempenho.

1. Reconheço algumas diferenças e semelhanças entre os seres humanos e os outros animais.			
2. Conheço as diferentes formas de locomoção dos animais.			
3. Classifico os animais quanto à alimentação.			

Sugestões

Para ler

- **Esperança é o bicho – Brincando com as palavras e a biodiversidade,** de Rogério G. Nigro. Editora Ática.

  O livro apresenta seres vivos com nomes divertidos e curiosos, como chorão, preguiça, cuíca e catita.

  O leitor é convidado a descobrir outros seres vivos escondidos nas ilustrações. Assim, ele se diverte à medida que amplia o vocabulário e seu conhecimento sobre a biodiversidade brasileira.

Editora Ática/Arquivo da editora

Para acessar

- www.szb.org.br

  Aqui você encontrará endereços de diferentes zoológicos.

- www.g1.globo.com/natureza/videos/v/globo-natureza-polvo-gigante/2458372/

  Vídeo que mostra como o polvo se locomove e se defende de um ataque.

  Acesso em: 12 abr. 2018.

UNIDADE

2 Revestimento e reprodução

Nesta unidade você vai:

- Perceber a importância da cobertura do corpo dos animais.
- Compreender que os animais nascem de maneiras diferentes.

Observe a imagem e converse com seus colegas:

1. Quais são os animais da foto?
2. Como eles nasceram? Você acha que todos os animais nascem dessa maneira?
3. Como é a pele dos animais da foto? Ela é igual à sua?

dioch/Shutterstock

A cobertura do corpo dos animais

A pele é um órgão que cobre todo o corpo dos seres humanos, por isso dizemos que ela é o **revestimento**. Mas por qual motivo a pele é importante para os seres humanos?

Revestimento: aquilo que envolve, que fica em torno de algo.

Ela é importante porque protege o corpo.

Os revestimentos dos animais podem ser muito diferentes. Ainda assim, têm uma função em comum: todos protegem o corpo.

A pele dos seres humanos é coberta por pelos. Em outros animais pode haver pelos, escamas ou penas.

• Elementos não proporcionais entre si

Nneirda/Shutterstock

O corpo da iguana é coberto por escamas, que a ajudam a sobreviver em lugares secos.

Patagonian Stock AE/Shutterstock

Além de oferecer proteção, as penas facilitam o voo e ajudam as aves a se manter aquecidas.

Ermolaev Alexander/Shutterstock

Valua Vitaly/Shutterstock

O corpo dos cães e dos gatos é coberto por muitos pelos, que os ajudam a se manter aquecidos, enquanto o corpo dos seres humanos é coberto por poucos pelos.

• **Você acha que os pelos dos seres humanos são suficientes para manter o corpo aquecido? Explique.**

Pele nua ou pele recoberta?

Os animais terrestres perdem água do corpo através da pele, por transpiração. Se essa perda de água for muito grande, eles podem morrer desidratados.

Veja as duas fotografias abaixo. A rã tem pele fina, úmida, sem escamas, pelos ou penas, portanto a pele dela é nua. A serpente, por sua vez, tem o corpo recoberto por escamas.

Rã em uma lagoa. Tamanho: cerca de 20 cm.

Serpente em ambiente seco. Tamanho: cerca de 2 m.

- **Rãs e sapos dificilmente são encontrados em ambientes muito secos, como um deserto. Eles vivem sempre em ambientes úmidos próximos a charcos, rios, lagos ou lagoas. Serpentes e lagartos, ao contrário, podem viver em regiões secas. Como isso se explica?**

Um esqueleto externo

Alguns animais possuem um revestimento protetor que forma uma carapaça dura, que funciona como um esqueleto externo. As imagens a seguir mostram dois exemplos.

Caranguejos têm uma resistente carapaça de proteção. Largura: cerca de 10 cm.

Besouros são insetos com carapaça dura. Tamanho: cerca de 2 cm.

Agora é com você

1. O revestimento do corpo de alguns animais se confunde com as cores do ambiente em que eles vivem. Esse recurso é chamado camuflagem. Pesquise e escreva o nome dos animais abaixo.

Thinkstock/Getty Images

Com as asas abertas, esse animal tem cerca de 4 cm.

....

Alain Eve/Biosphoto/Diomedia

Esse animal tem cerca de 20 cm de comprimento.

....

2. Resolva a cruzadinha abaixo.

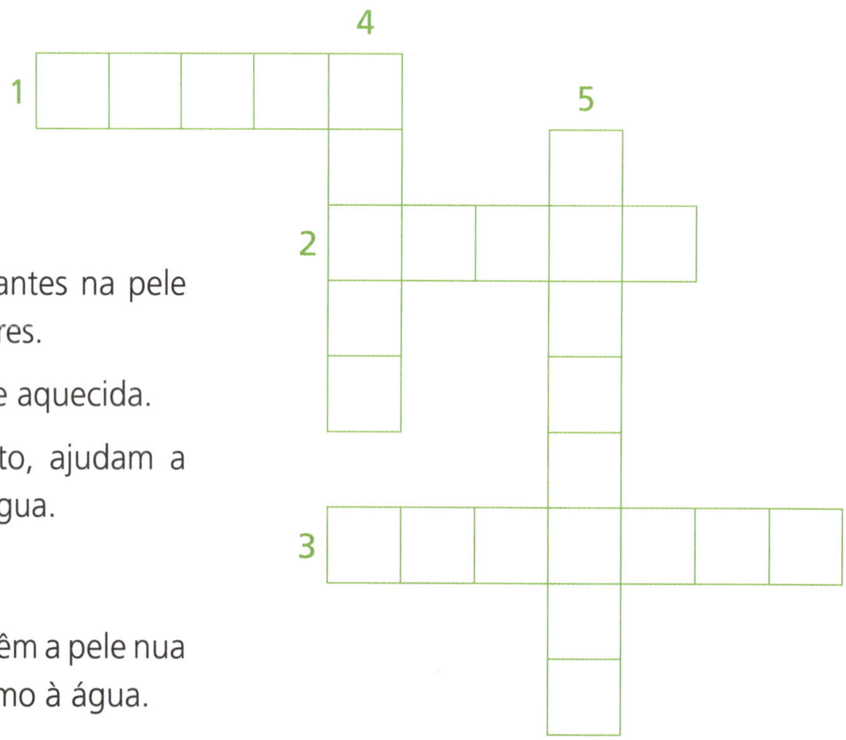

Horizontal

1. Muito abundantes na pele de ursos-polares.
2. Mantêm a ave aquecida.
3. Em um lagarto, ajudam a economizar água.

Vertical

4. Animais que têm a pele nua e vivem próximo à água.
5. Revestimento externo duro dos caranguejos.

Como nasce um novo ser

Os animais podem nascer de jeitos muito diferentes uns dos outros.

Certamente, seu nascimento foi muito diferente do nascimento de um peixe ou de uma tartaruga marinha, por exemplo.

A tartaruga marinha fêmea cava um buraco na areia da praia para botar seus ovos. Depois, ela cobre os ovos com areia, o que os protege de outros animais. Quando já estão formados, os filhotes saem dos ovos e correm para o mar.

Ardea/M. Watson/Diomedia

Tartaruga marinha botando ovos. Tamanho: cerca de 1 m de comprimento.

Aqua Image RM/Diomedia

Filhotes recém-nascidos de tartaruga marinha a caminho do mar. Tamanho: cerca de 8 cm.

Os filhotes de aves também nascem de ovos, que são abrigados em ninhos. Quando já estão formados, os filhotes quebram a casca do ovo com o bico. Então, eles permanecem no ninho e são alimentados pela mãe até aprenderem a voar.

Ninho de tuiuiú, ave com cerca de 150 cm de altura, comum na região do Pantanal Mato-Grossense.

Fabio Colombini/ Acervo do fotógrafo

Já os sapos e as rãs botam ovos gelatinosos dentro da água. Deles, saem **larvas** chamadas girinos, que vivem na água e passam por algumas transformações até ficarem adultos e parecidos com seus pais.

Larva: forma jovem de um animal, diferente da forma do animal adulto.

O girino mede cerca de 4 cm de comprimento e vive somente na água. É a forma jovem de animais como a rã e o sapo.

Imago Sportfotodienst/Fotoarena

• Elementos não proporcionais entre si

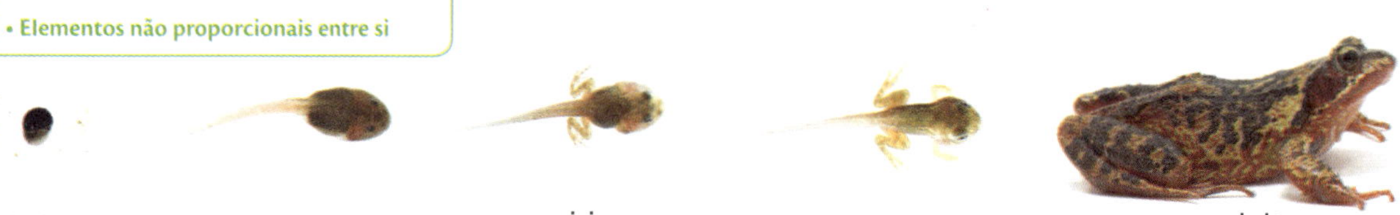

Nature/Fotoarena

Etapas da transformação dos girinos em sapos e rãs, do jovem ao adulto. O girino jovem se assemelha a um peixe. Aos poucos, sua cauda diminui e formam-se os membros. O adulto vive tanto no ambiente aquático como no ambiente terrestre.

As borboletas e os besouros, geralmente, botam ovos em folhas.

Thinkstock/Getty Images

Ovos de borboleta que medem cerca de 2 mm de altura.

Fabio Colombini/Acervo do fotógrafo

Besouro botando ovos em uma folha. Ele mede cerca de 1 cm de comprimento.

Os filhotes de peixes saem de ovos postos na água ou, em alguns casos, saem diretamente da barriga da mãe.

Os seres humanos, assim como os gatos e os cachorros, por exemplo, também nascem da barriga da mãe e depois são alimentados por ela com o leite que sai das mamas.

• Elementos não proporcionais entre si

Samuel Borges Photography/Shutterstock

Mulher grávida.

Fnsy/Shutterstock

Filhotes de cachorro sendo amamentados com o leite da mãe.

Vamos falar sobre...

O nascimento dos cavalos-marinhos

Os cavalos-marinhos são peixes.

A fêmea produz centenas de ovos e os deposita em uma bolsa existente no ventre do macho. Quando os filhotes estão completamente formados e prontos para viver fora da bolsa, eles são expulsos dela aos poucos, como você vê na imagem ao lado.

Pesquise e depois discuta com seus colegas:

1. Onde vivem os cavalos-marinhos?
2. Do que eles se alimentam?
3. Como se locomovem?

Nature/Fotoarena

Cavalo-marinho macho expulsando os filhotes da bolsa. A altura dos cavalos-marinhos varia entre 1 cm e 20 cm.

Agora é com você

1 Numere as cenas a seguir, ordenando-as de acordo com o desenvolvimento do peixe.

2 Resolva a cruzadinha abaixo.

Ilustrações: Beatriz Mayumi/Arquivo da editora

Horizontal

1. Forma jovem de sapos e rãs.

Vertical

2. Local onde os filhotes de aves ficam abrigados e são protegidos pelos pais.
3. Ambiente em que o girino se desenvolve e se transforma.
4. Quando adulto, esse animal pode viver no ambiente aquático ou no terrestre.

Autoavaliação

Agora é hora de pensar sobre o que você experimentou e aprendeu. Marque um **X** na opção que melhor representa seu desempenho.

1. Compreendo a importância da cobertura do corpo dos animais.			
2. Reconheço que o nascimento dos animais pode ocorrer de maneiras diferentes.			

Sugestões

Para ler

- **Tem penas ou tem pelos?**, de Beatriz Helena de Assis Pereira. Editora Positivo.

  Com perguntas e respostas que tratam das características dos animais vertebrados, o livro instiga o leitor iniciante a reconhecer os mamíferos, as aves, os peixes e os anfíbios.

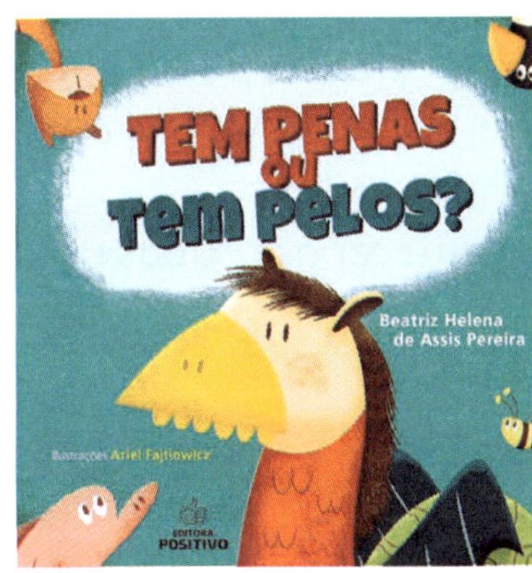

Reprodução/Editora Positivo

- **A reprodução das joaninhas**, de Neide Simões de Mattos e Suzana Facchini Granato. Editora Formato.

  O livro trata das transformações pelas quais passam esses besourinhos até chegarem à fase adulta.

Reprodução/Editora Formato

Para acessar

- www.youtube.com/watch?v=8eVT_HtpYtQ

  O vídeo mostra o nascimento de cavalos-marinhos.

  Acesso em: 19 abr. 2018.

UNIDADE

3 Diversidade animal: os vertebrados

Nesta unidade você vai:

- Aprender que há várias formas de classificar os animais.
- Reconhecer no próprio corpo a presença da coluna vertebral e do crânio.
- Identificar o crânio e a coluna vertebral de alguns animais vertebrados.
- Conhecer os grupos dos vertebrados e suas principais características.

Observe a imagem e converse com seus colegas:

1. O que vocês observam nas imagens?
2. Há formas de separar os animais mostrados nas fotografias em grupos. Quais grupos você formaria?
3. Quais critérios você usou para formar os grupos de animais?

Anastasija Popova/Shutterstock

skydie/Shutterstock

Eric Isselee/Shutterstock

Nataly Studio/Shutterstock

• Elementos não proporcionais entre si

Dirk Ercken/Shutterstock
Kirsanov Valeriy Vladimirovich/Shutterstock
Anton Kozyrev/Shutterstock
xpixel/Shutterstock
SikorskiFotografie/Shutterstock
Alexander Sviridov/ Shutterstock
Lizard/Shutterstock
Anest/Shutterstock

Como podemos classificar os animais?

Anastasija Popova/Shutterstock

Existem várias maneiras de separar os animais em grupos. Uma maneira simples, e bastante usada, é separar os animais em dois grandes grupos: os que têm ossos e os que não têm ossos.

Os animais que têm ossos são classificados como **animais vertebrados**. Já os animais que não têm ossos são classificados como **animais invertebrados**.

SikorskiFotografie/Shutterstock

Dirk Ercken/Shutterstock

xpixel/Shutterstock

Cavalo, gato, perereca e ave são exemplos de animais vertebrados.

• Elementos não proporcionais entre si

Kirsanov Valeriy Vladimirovich/Shutterstock

Anton Kozyrev/Shutterstock

skydie/Shutterstock

Lizard/Shutterstock

Aranha, borboleta, caracol e besouro são exemplos de animais invertebrados.

Você é um vertebrado?

Os vertebrados têm uma fileira de ossos chamados vértebras, que formam a coluna vertebral. Além da coluna vertebral, os vertebrados têm crânio, cuja função é proteger o cérebro.

Nesta atividade, vamos observar a presença desses ossos no nosso corpo.

Como fazer

1. Coloque os dedos de uma das suas mãos no meio de suas costas, na altura da cintura.
2. Com delicadeza, aperte e sinta os ossos embaixo da pele. Faça esse movimento subindo o máximo possível, percorrendo a coluna vertebral. Depois, retorne sua mão à posição inicial e desça o máximo possível, percorrendo a coluna vertebral.
3. Agora, com seus dedos nos ossos do pescoço, movimente lentamente o crânio para a frente e para trás. Perceba onde o crânio se encaixa na coluna vertebral.
4. Toque a sua cabeça e sinta o osso que fica debaixo do couro cabeludo e da testa. Observe na ilustração que o crânio é formado por várias placas ósseas unidas umas às outras.

• Cores artificiais
• Esquema simplificado

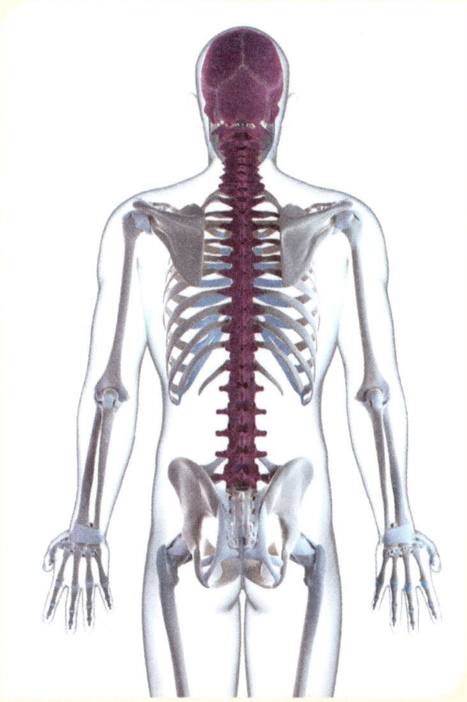

Thinkstock/Getty Images

Localização do crânio e da coluna vertebral (em roxo) no corpo humano.

Resultados

1. O que você sentiu ao apalpar suas costas com os dedos?

....

2. O que você sentiu ao tocar sua cabeça?

....

Conclusão

1 O título desta atividade é "Você é um vertebrado?". Responda, agora, a essa pergunta.

2 Como você justifica sua resposta?

Pensando sobre os resultados

Observe a imagem, que retrata o esqueleto de um ser humano e de um cão passeando.

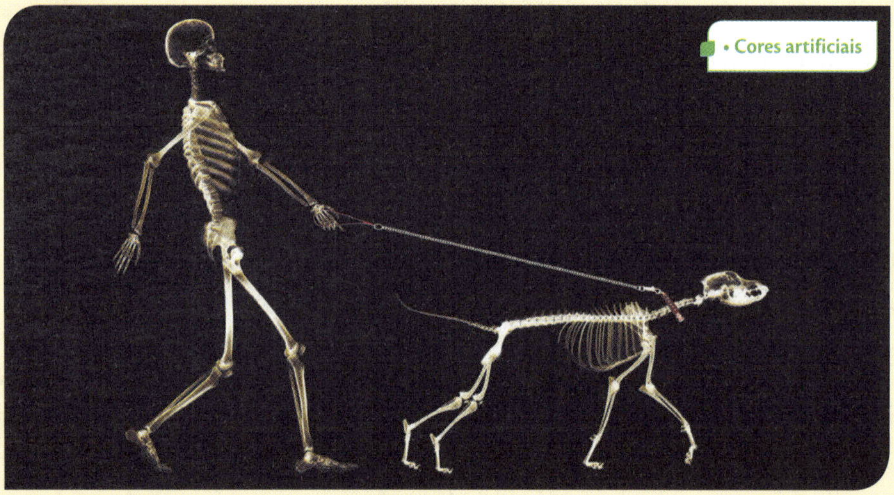

Thinkstock/Getty Images

1 O ser humano e o cão têm coluna vertebral?

☐ Sim ☐ Não

2 Em qual dos dois você vê a postura bípede, isto é, sobre dois pés?

☐ Na pessoa ☐ No cão

3 O cão é quadrúpede, ou seja, anda sobre quatro pés. Qual é a vantagem da postura bípede em relação à postura quadrúpede?

As características dos vertebrados

Os vertebrados são animais que têm coluna vertebral, crânio e outros ossos.

Da enorme baleia ao pequeno beija-flor, todos os vertebrados têm um esqueleto, cujas funções são sustentar o corpo, proteger os órgãos internos e auxiliar na movimentação do corpo.

As vértebras da coluna vertebral são móveis entre si, o que permite aos animais executar movimentos. É a mobilidade da coluna que nos permite abaixar, sentar e virar o corpo.

A coluna vertebral é ligada ao crânio, que é formado por ossos e tem a função de proteger o cérebro.

- Cores artificiais
- Esquema simplificado

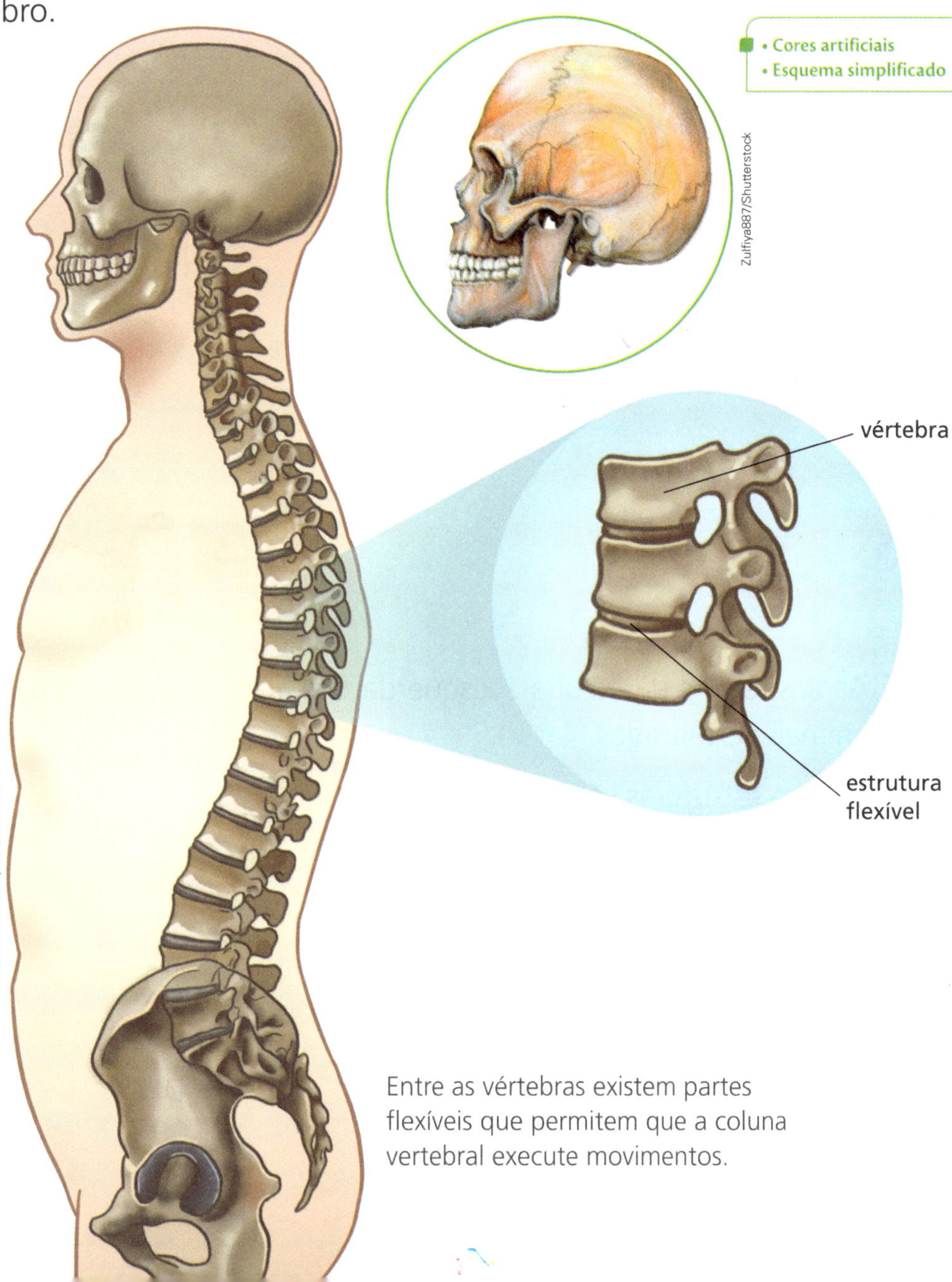

Zulfiya887/Shutterstock

Estúdio Lab307/Arquivo da editora

Entre as vértebras existem partes flexíveis que permitem que a coluna vertebral execute movimentos.

Agora é com você

1 Observe as ilustrações:

- Cores artificiais
- Elementos não proporcionais entre si

Coluna vertebral
Crânio

A

B

C

D
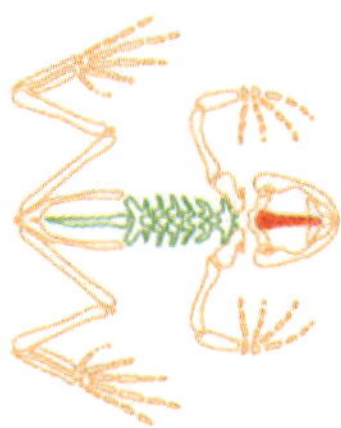

E
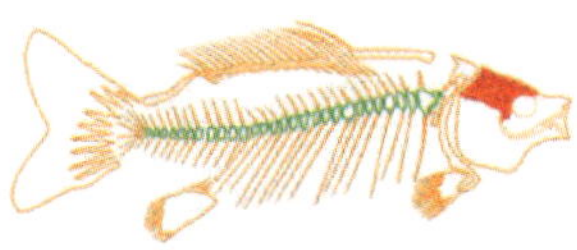

Ilustrações: Davidson França/Arquivo da editora

1

2
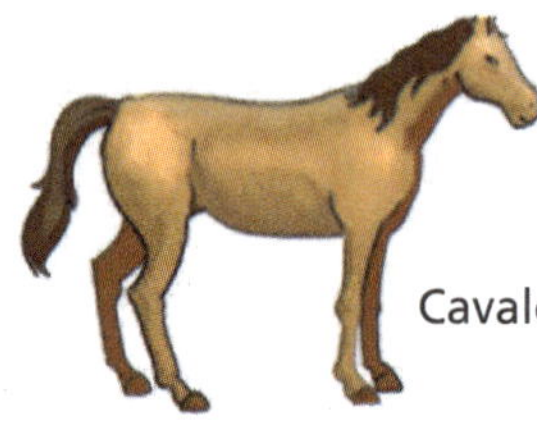

3

4

5

a) As ilustrações da coluna à esquerda destacam duas estruturas presentes em animais vertebrados.

- Que estruturas são essas?

....

....

b) Associe cada animal ao seu esqueleto.

A ☐ B ☐ C ☐ D ☐ E ☐

c) A coluna vertebral, junto com os demais ossos do esqueleto, deve dar sustentação ao corpo. Mas, ao mesmo tempo, precisa permitir a movimentação. Como é possível a coluna vertebral ser ao mesmo tempo resistente e flexível?

....

....

....

....

2 A que animal pertence cada um dos esqueletos abaixo?

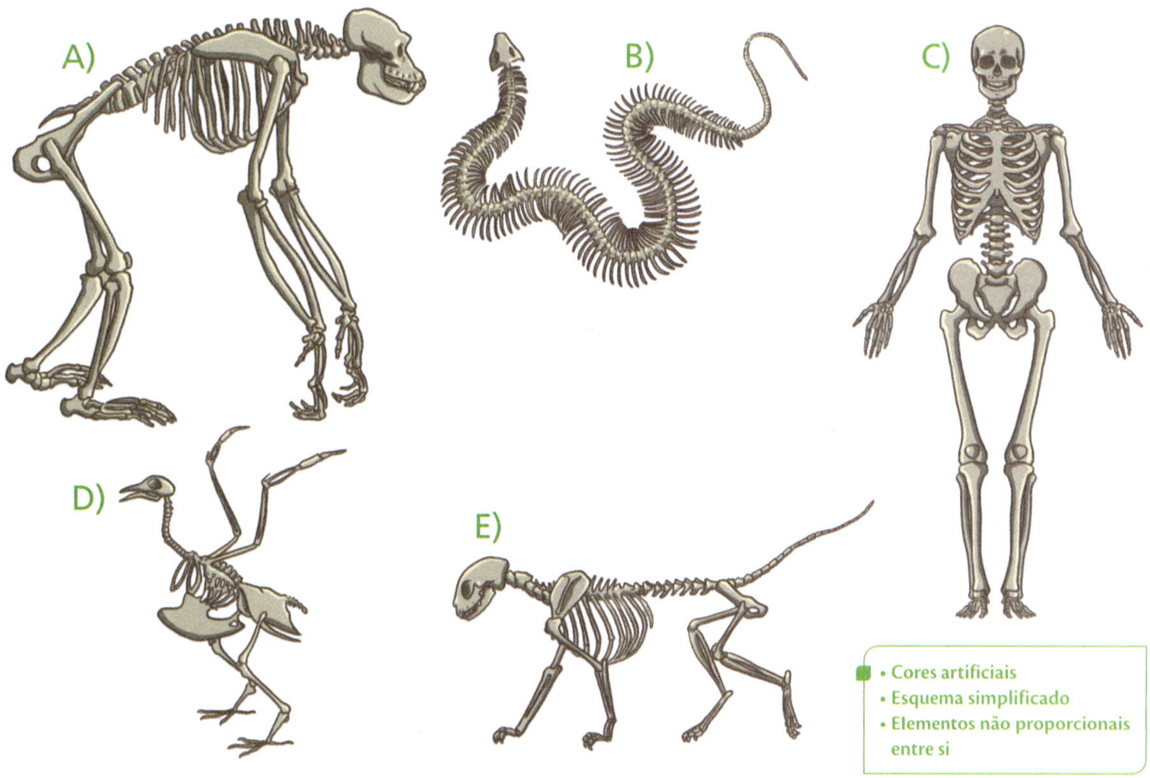

Ilustrações: Estúdio Lab307/Arquivo da editora

A) ....

B) ....

C) ....

D) ....

E) ....

Os grupos dos vertebrados

Os vertebrados também são divididos em grupos. Essa divisão é feita de acordo com as características semelhantes, como o modo que se desenvolvem na barriga da mãe ou no ovo, o jeito de respirar, a maneira de cuidar dos filhotes.

Veja quais são esses grupos:

Grupos dos vertebrados				
Peixes	Anfíbios	Répteis	Aves	Mamíferos

Fotos: Thinkstock/Getty Images

Vamos conhecer melhor cada um desses grupos?

• Elementos não proporcionais entre si

Peixes

Os peixes são animais aquáticos e se locomovem utilizando nadadeiras.

A respiração dos peixes é feita através das brânquias, que absorvem o oxigênio dissolvido na água.

Andrea Izzotti/Shutterstock

As brânquias são as estruturas de respiração dos peixes. O tubarão da foto, quando adulto, pode medir até 3 m de comprimento.

Na maioria das espécies, os filhotes de peixe nascem de ovos que se desenvolvem na água. Em algumas espécies, os filhotes se desenvolvem dentro do corpo da mãe, como é o caso dos tubarões.

Seaphotoart/Shutterstock

Os peixes respiram através das brânquias e, em geral, têm o esqueleto formado por ossos. Tubarões, raias e quimeras são exceções, pois têm o esqueleto formado por cartilagem.

Anfíbios

A palavra anfíbio significa "em ambos os meios". Os anfíbios são assim chamados porque a maioria deles, como sapos, rãs e pererecas, quando jovens, vive na água, respira por brânquias e recebe o nome de **girino**. Quando adultos, vivem tanto no ambiente aquático como no terrestre.

Os anfíbios adultos respiram pelos pulmões e pela pele, que é fina e úmida, o que permite as trocas gasosas. Eles botam ovos na água ou próximo a ela.

Edvard Mizsei/Shutterstock

Os girinos têm cerca de 3 cm de comprimento e vivem no meio aquático.

Ricardo de Paula Ferreira/Shutterstock

Perereca. Comprimento: cerca de 8 cm.

Fabio Maffei/Shutterstock

Sapo. Comprimento: cerca de 15 cm.

Dr Morley Read/Shutterstock

Rã. Comprimento: cerca de 15 cm.

Répteis

A palavra reptar significa "rastejar". Os répteis rastejam, ou seja, arrastam o corpo quando se locomovem.

Os répteis têm o corpo coberto por uma pele seca formada por escamas, placas ou carapaças (casco).

Todos os répteis respiram por pulmões e a maioria vive em ambientes terrestres. Poucas espécies de répteis vivem em ambiente aquático.

Muitos répteis botam ovos, dos quais saem os filhotes. Em algumas espécies, o filhote se desenvolve dentro do corpo da mãe.

Audrey Snider-Bell/Shutterstock

A serpente da imagem é uma cascavel e tem o corpo coberto por escamas. Comprimento: cerca de 150 cm.

Arto Hakola/Shutterstock

O corpo do jacaré é coberto por escamas e placas. Comprimento: cerca de 3 m.

Jaboticaba Fotos/Shutterstock

O corpo da iguana, que mede cerca de 70 cm de comprimento, é coberto por escamas.

Thinkstock/Getty Images

O jabuti, que mede cerca de 40 cm de comprimento, tem o corpo coberto por um casco.

Aves

As aves têm penas, asas e bico. Na maioria delas, as asas permitem o voo. Elas se alimentam utilizando o bico e os pés.

Você já notou que existem vários formatos de bico diferentes, dependendo da espécie de ave? Cada formato de bico está relacionado ao tipo de alimento que as aves comem.

Todas as aves respiram por pulmões e botam ovos.

Ivan Marjanovic/Shutterstock

O bico da águia é forte e curvado, o que permite que ela rasgue a carne de sua presa. Tamanho médio: 80 cm de altura e 150 cm de envergadura.

Juha Remes/Alamy/Latinstock

O pato tem um bico largo, que retém o alimento. Tamanho médio: 70 cm de comprimento e 120 cm de envergadura.

Freebilly/Shutterstock

O beija-flor tem um bico longo e fino, que lhe permite sugar o néctar das flores. Comprimento: cerca de 7 cm.

Ines Calixto/Pulsar Imagens

O tucano tem um bico grande e forte com o qual quebra frutos e sementes duras. Comprimento: cerca de 48 cm.

Mamíferos

A palavra mamífero caracteriza animais que mamam quando filhotes.

Há espécies de mamíferos que vivem nos mais variados ambientes: em árvores, na superfície do solo, em tocas subterrâneas, em campos, desertos, lagos, rios, mares, etc. Há também espécies voadoras: os morcegos.

Tatjana Kabanova/Shutterstock

O macaco é um mamífero que vive nas árvores. Na foto vemos macacos-esquilo, que têm cerca de 40 cm de comprimento (sem a cauda).

Os mamíferos têm pulmões que absorvem o oxigênio do ar.

Emídio Bastos/Opção Brasil Imagens

Os morcegos são os únicos mamíferos voadores. Comprimento: cerca de 10 cm.

Norbert Probst/imageBROKER/Fotoarena

Baleia jubarte adulta com filhote. A baleia é um mamífero aquático e também é o maior animal do planeta. A baleia jubarte adulta pode atingir até 15 m de comprimento.

Além disso, a maioria dos mamíferos tem o corpo coberto de pelos.

Serjio74/Shutterstock

O urso-polar é um mamífero que vive em regiões próximas ao polo norte. Comprimento: cerca de 250 cm.

Ali Suliman/Shutterstock

O dromedário é um mamífero que vive em clima desértico, que é quente e seco. Altura: cerca de 2 m.

A maioria se desenvolve dentro do corpo da mãe.

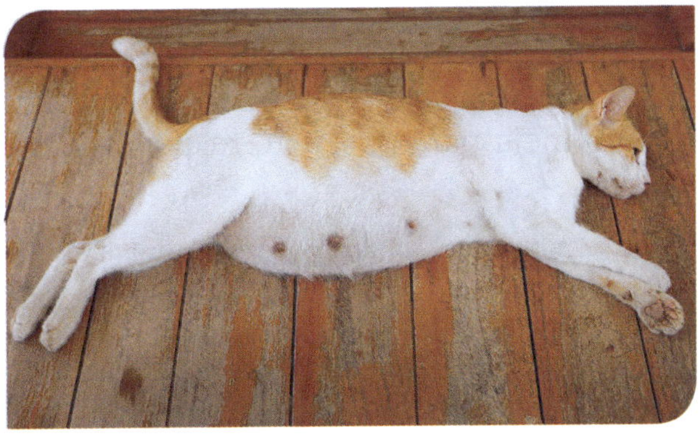

Boy77/Shutterstock

Gata prenhe. Altura: cerca de 25 cm.

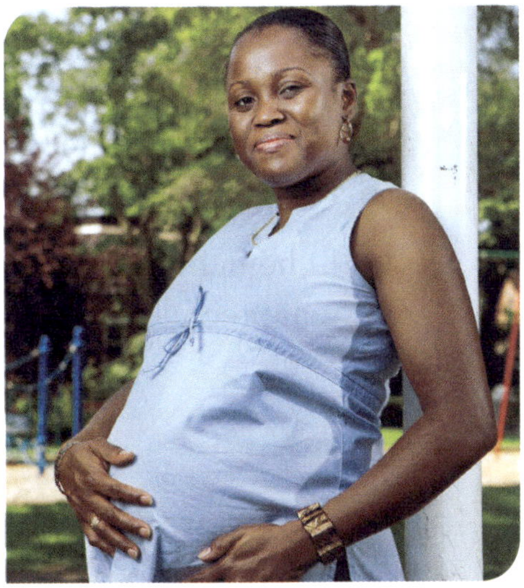

Paul Vasarhelyi/Shutterstock

Mulher gestante.

Flower_Garden/Shutterstock

Gata amamentando os filhotes.

Evgeny Atamanenko/Shutterstock

Mãe amamentando o bebê.

- **O ser humano é um mamífero. Identifique em você características que são apenas dos mamíferos. Cite essas características.**

Vamos falar sobre...

Declaração Universal dos Direitos dos Animais

1. Todos os animais têm o mesmo direito à vida.
2. Todos os animais têm direito ao respeito e à proteção do homem.
3. Nenhum animal deve ser maltratado.
4. Todos os animais selvagens têm o direito de viver livres no seu *habitat*.
5. O animal que o homem escolher para companheiro não deve nunca ser abandonado.
6. Nenhum animal deve ser usado em experiências que lhe causem dor.
7. Todo ato que põe em risco a vida de um animal é um crime contra a vida.
8. A poluição e a destruição do meio ambiente são consideradas crimes contra os animais.
9. Os direitos dos animais devem ser defendidos por lei.
10. O homem deve ser educado desde a infância para observar, respeitar e compreender os animais.

Disponível em: <http://portal.cfmv.gov.br/uploads/direitos.pdf>. Acesso em: 19 abr. 2018.

1. Leia a Declaração Universal dos Direitos dos Animais. Qual animal está sendo chamado para proteger e respeitar os outros animais?

....

....

....

....

2. Na sua opinião, qual dos dez direitos dos animais listados na declaração é o mais importante? Converse com seus colegas.

3. João foi ao supermercado. Na porta do banheiro, havia uma placa semelhante a esta, ao lado. Existe um erro nesta placa? Qual?

ATENÇÃO
PROIBIDA A ENTRADA DE ANIMAIS

Agora é com você

1 Agora é hora do jogo "Só vale". Veja que divertido!

a) O professor vai sortear uma letra por vez e você vai escrever a letra e depois o nome do animal.

b) Em cada rodada, só vale escrever no quadro o nome do animal de acordo com a característica do grupo de vertebrados ao qual ele pertence.

Só vale mamífero	Exemplo	Rodada 1	Rodada 2	Rodada 3	Rodada 4
Letra	M				
Nome do animal	macaco				

Só vale ave	Exemplo	Rodada 1	Rodada 2	Rodada 3	Rodada 4
Letra	M				
Nome do animal	macuco				

2 Resolva a cruzadinha.

Vertical

1. Respiram pelas brânquias e a maioria é coberta por escamas.
2. Quando jovens, sapos, rãs e pererecas vivem no meio aquático e são chamados de...
3. Têm o corpo coberto por penas e utilizam o bico e os pés para capturar o alimento.
4. São cobertos por pelos e apresentam glândulas mamárias.

Horizontal

5. Têm pele seca coberta por escamas, placas ou carapaça.

Ilustrações: Beatriz Mayumi/Arquivo da editora

Agora é com você

3 Pesquise dois exemplos de animais para cada grupo de vertebrados.

Peixes	.... / ....
Aves	.... / ....
Anfíbios	.... / ....
Mamíferos	.... / ....
Répteis	.... / ....

4 Observe o bico das aves das imagens.

Erich Kuchling/WestEnd61 RM/Diomedia

Pica-pau. Tamanho médio: 25 cm.

Ivan Kuzmin/Shutterstock

Talha-mar. Tamanho médio: entre 40 cm e 50 cm de comprimento.

Thinkstock/Getty Images

Papagaio. Altura média: 33 cm.

- Agora, escreva o nome de cada ave ao lado do seu tipo de alimento.

  a) Frutos e sementes: ....

  b) Peixes: ....

  c) Larvas de insetos: ....

Autoavaliação

Agora é hora de pensar sobre o que você experimentou e aprendeu. Marque um **X** na opção que melhor representa seu desempenho.

1. Sei que há formas de classificar os animais.			
2. Reconheço no meu corpo a presença da coluna vertebral e do crânio.			
3. Identifico o crânio e a coluna vertebral de alguns animais vertebrados.			
4. Conheço os grupos dos vertebrados e suas principais características.			

Sugestões

Para ler

- **De filhote a tubarão** e **De girino a sapo**, de Camilla de la Bédoyère. Editora Zastras.

  Conheça fatos curiosos sobre os hábitos dos animais e acompanhe o ciclo de vida de várias espécies por meio de figuras e legendas.

Reprodução/Editora Zastras

- **Tiro da bruxa: postura correta, corpo saudável**, de Laís Cristina Almeida. Editora Formato.

  "Tiro da bruxa" quer dizer dor aguda na coluna. O livro conta a história de João Tortinho, que mostra como escapar desse "tiro".

Reprodução/Ed. Formato

Para acessar

- http://chc.cienciahoje.uol.com.br/a-casa-dos-animais

  Descubra como e quando surgiram os primeiros zoológicos.

  Acesso em: 19 abr. 2018.

Conectando saberes

Os seres humanos e os outros animais

A relação entre os seres humanos e os outros animais é muito antiga. Veja como ela foi mudando ao longo do tempo.

Pinturas feitas em cavernas há milhares de anos mostram animais sendo caçados, como você pode observar na imagem acima.

1 No início, caçávamos para sobreviver

Em um passado distante, os seres humanos mudavam de um lugar para outro em busca de alimentos. Eles coletavam frutos e sementes e caçavam diferentes animais para se alimentar.

2 Depois, passamos a domesticar animais

Com o tempo, os seres humanos acabaram se fixando em algumas regiões e começaram a cultivar a terra e a criar animais domesticados.

Veja a seguir as prováveis épocas em que foram domesticados alguns animais.

O **cavalo** foi domesticado há cerca de **6 000 anos** e tem sido usado ao longo desse tempo, principalmente, como meio de transporte.

Os **cães** foram domesticados há **27 000 anos** para ajudar em atividades de caça e para fazer companhia às pessoas.

As **galinhas** começaram a ser domesticadas por volta de **8 000 anos** atrás para a obtenção de carne e ovos.

Os **porcos** foram domesticados em torno de **10 000 anos** atrás para alimentação.

Ilustrações: André Shitetsu Toma/Arquivo da editora

3 A criação de animais atualmente

Hoje, alguns animais são criados em fazendas, sítios e granjas com a finalidade de fazer parte da alimentação humana, como **frangos**, porcos, vacas e peixes.

Ilustrações: André Shitetsu Toma/Arquivo da editora

Recentemente, a criação **intensiva** de animais tem sofrido críticas. Nesse sistema, coloca-se o maior número possível de animais em espaços pequenos. Os animais, assim, estariam sendo submetidos ao sofrimento, por viverem em **locais apertados**.

Fontes: WARMUTH et al. Reconstructing the origin and spread of horse domestication in the Eurasian steppe. **PNAS**, maio 2012, n. 109 (21); SKOGLUND et al. Ancient Wolf Genome Reveals an Early Divergence of Domestic Dog Ancestors. **Current Biology**, jun. 2015, n. 25; Quais foram os primeiros animais a serem domesticados? **Mundo Estranho**, 18 abr. 2011.

1. Você sabe de onde vêm os alimentos que sua família compra no mercado?
2. A sua escola produz algum tipo de alimento? Qual? Vocês consomem esse alimento?
3. Algumas pessoas não comem nenhum tipo de carne ou alimento de origem animal por discordarem da forma como os animais são criados para alimentação.
   - Você conhece alguém que não coma carne ou alimentos de origem animal? Qual é sua opinião sobre isso?
4. Na sua opinião, os seres humanos tratam bem todos os animais? Justifique.

UNIDADE 4

Diversidade animal: os invertebrados

Nesta unidade você vai:

- Conhecer alguns grupos de animais invertebrados.
- Avaliar a proporção de animais vertebrados e invertebrados na natureza.
- Reconhecer a importância dos animais invertebrados.

Observe a imagem e converse com seus colegas:

1. Que animais você acha que vivem nesse ambiente?
2. Escolha dois desses animais e faça uma descrição deles para seus colegas.
3. Na sua opinião, existem mais espécies de animais com ossos ou sem ossos no planeta?

rodrigobark/Shutterstock

Cachoeira do Rosário, Pirenópolis, Goiás.

Todos os animais têm ossos?

Você já aprendeu que podemos classificar os animais de acordo com a presença ou ausência de coluna vertebral, crânio e demais ossos.

A maioria das espécies animais do planeta não possui coluna vertebral, crânio ou ossos, ou seja, é composta de invertebrados.

É a esse grupo de animais que pertencem insetos, aranhas, caranguejos, camarões, minhocas, águas-vivas, polvos, caracóis, estrelas-do-mar, entre outros.

Distribuição de vertebrados e invertebrados entre os animais

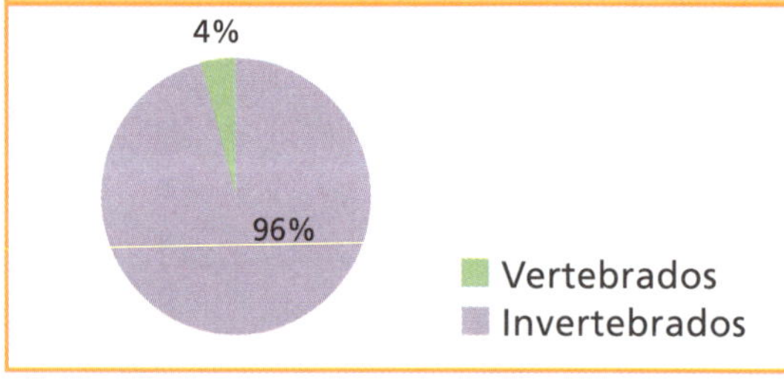

Banco de imagens/Arquivo da editora

Dados obtidos em: <www.newworldencyclopedia.org/entry/Vertebrate>. Acesso em: 15 maio 2018.

Do total de espécies animais que habitam o planeta, 4% são vertebrados e 96% são invertebrados.

Os invertebrados

Imagine um animal sem ossos. Em qual animal você pensou? Por quê?

Não é fácil saber se um animal tem ossos ou não, já que, nos vertebrados, os ossos ficam dentro do corpo.

Os invertebrados não têm ossos nem coluna vertebral. Apesar disso, alguns deles têm esqueleto. Mas é possível esqueleto sem ossos?

Sim! Daqui por diante, vamos entender **esqueleto** como qualquer parte dura e resistente do corpo de um animal cuja função seja sustentá-lo ou protegê-lo.

Os invertebrados, assim como os vertebrados, são divididos em vários grupos. Vamos conhecer as características de alguns desses grupos: artrópodes, anelídeos, cnidários, moluscos e equinodermos.

• Elementos não proporcionais entre si

skydie/Shutterstock

Anton Kozyrev/Shutterstock

A aranha e o besouro são artrópodes.

Nataly Studio/Shutterstock

A minhoca é um anelídeo.

Aleksandar Grozdanovski/Shutterstock

O caracol é um molusco.

Dorling Kindersley/Getty Images

A anêmona é um cnidário.

Svetlana Foote/Shutterstock

A estrela-do-mar é um equinodermo.

Artrópodes

Os artrópodes formam o grupo mais numeroso de todo o reino animal. Mosquitos, abelhas, borboletas, grilos, centopeias, aranhas, escorpiões, siris, caranguejos e lagostas são apenas alguns exemplos de animais que pertencem a esse grupo.

Os artrópodes têm um esqueleto externo, duro e resistente, que reveste e protege todo o seu corpo. As pernas dos artrópodes são articuladas, ou seja, podem se dobrar, o que permite que eles se movimentem.

Os insetos, os crustáceos e os aracnídeos fazem parte do grande grupo dos artrópodes. Há outros grupos menores, como o das centopeias e o das lacraias.

Vamos ver agora algumas características desses animais.

Os **insetos** são o maior grupo de animais, com mais de 1 milhão de espécies conhecidas. Baratas, besouros, moscas, formigas, mariposas, lagartas, grilos, percevejos, abelhas, cigarras e pulgas são alguns representantes dos insetos. Eles têm seis pernas, duas antenas e podem também ter asas.

Os insetos têm um par de antenas na cabeça e três pares de pernas. Nem todos os insetos têm asas, mas alguns têm um ou dois pares de asas.

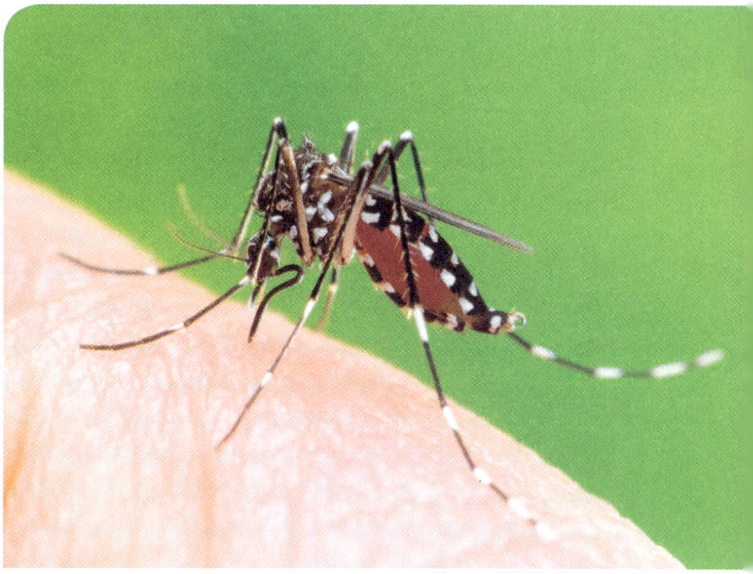

khlungcenter/Shutterstock

O *Aedes aegypti*, que mede cerca de 1 cm, é um inseto que pode transmitir doenças.

Lightspring/Shutterstock

O louva-a-deus também é um inseto. Comprimento: cerca de 7 cm.

Os **crustáceos** mais conhecidos têm dez pernas e quatro antenas.

Ethan Daniels/Shutterstock

A lagosta é um crustáceo. Sua casca dura é bastante visível. Comprimento: cerca de 30 cm.

Lia Caldas/Shutterstock

As cracas são crustáceos que podem se fixar em rochas ou em animais, como nas baleias. Também podem se fixar em cascos de navios. Cada indivíduo mede cerca de 1,5 cm.

Os **aracnídeos** têm oito pernas e não têm antenas. Aranhas, escorpiões, carrapatos e ácaros são alguns exemplos de aracnídeos terrestres que podem se alimentar de pequenos insetos e até mesmo de pequenos vertebrados, como lagartixas.

Já os carrapatos são parasitas e sugam o sangue, principalmente de mamíferos.

Charly Morlock/Shutterstock

Na extremidade da cauda do escorpião, existe uma estrutura em forma de ferrão que injeta o veneno na presa. Comprimento: cerca de 6 cm.

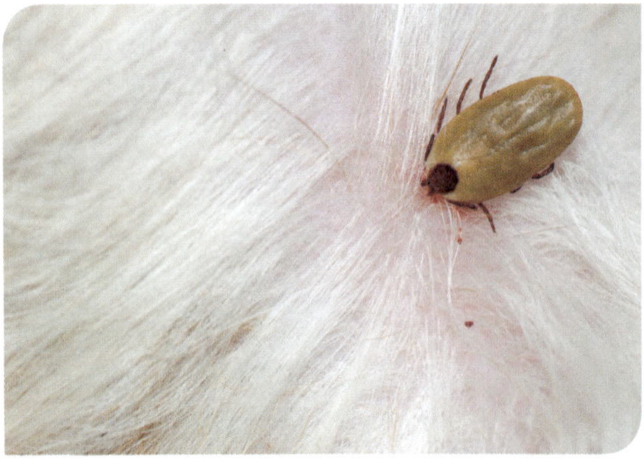
yingphoto/Shutterstock

Carrapato parasitando um gato. Os carrapatos são bem pequenos, mas ficam repletos de sangue e aumentam quando parasitam um animal. Seu tamanho pode variar de 2 mm a 15 mm.

Sebastian Kaulitzki/Shutterstock

Ilustração de ácaros (cores artificiais). Apesar de invisíveis a olho nu, os ácaros estão por toda parte – por exemplo, na poeira de tapetes e colchões – e são responsáveis por algumas alergias.

Anelídeos

Os anelídeos são invertebrados de corpo alongado, mole e que se locomovem por contrações da musculatura presente em todo o corpo. Eles não têm esqueleto.

Nataly Studio/Shutterstock

Minhoca. Comprimento: cerca de 10 cm.

A minhoca é um anelídeo muito conhecido, que vive em solos úmidos e se alimenta de restos de organismos. Nutrientes presentes nas fezes das minhocas enriquecem o solo, deixando o ambiente mais favorável ao desenvolvimento das plantas.

O minhocuçu é um anelídeo que pode atingir 1 metro de comprimento.

Cnidários

Algumas espécies de cnidários não têm esqueleto, como a água-viva e a anêmona. Outras espécies, como os corais, produzem esqueletos de calcário e vivem em colônias formadas por muitos indivíduos.

L. Newman & A. Flowers/Science Source/Diomedia

Água-viva (medusa), cnidário de aspecto gelatinoso. Largura: cerca de 30 cm.

Colônia de cnidários (cor laranja) formando recifes de corais.

Thinkstock/Getty Images

Moluscos

Caracóis, polvos, lulas, mariscos, vieiras e ostras são exemplos de moluscos. O nome do grupo está relacionado ao corpo mole, que pode ou não estar protegido por uma concha.

Os moluscos habitam quase todos os ambientes, mas a maioria das espécies é marinha. Eles podem ser encontrados fixos em rochas, em recifes de coral ou enterrados na areia ou na lama. Lulas e polvos são bons nadadores.

Roger Dauriac/Biosphoto/Diomedia

A lesma não tem concha. Tamanho médio: 8 cm.

Thinkstock/Getty Images

O caracol tem concha espiralada. Tamanho médio: 3 cm.

Thinkstock/Getty Images

O berbigão é bivalve, ou seja, sua concha é formada de duas peças. Tamanho médio: 3 cm (fechado).

Equinodermos

Talvez você já tenha visto uma bolacha-do-mar, uma estrela-do-mar ou um ouriço. Esses animais são equinodermos. O corpo deles não tem cabeça nem cauda.

Todos os equinodermos são marinhos, ou seja, nenhuma espécie vive em água doce ou em ambiente terrestre.

Adam Ke/Shutterstock

As estrelas-do-mar se alimentam de animais que não se locomovem, como os corais, ou que se locomovem lentamente, como os moluscos. Elas têm de 15 cm a 30 cm de diâmetro, dependendo da espécie.

Iryna Rasko/Shutterstock

Os ofiúros lembram as estrelas-do-mar e podem ser encontrados em águas rasas. Medem cerca de 25 cm de diâmetro.

Reinhard Dirscherl/Alamy/Latinstock

Os crinoides são mais difíceis de serem vistos, pois a maioria vive fixa e em grandes profundidades. Medem cerca de 28 cm de diâmetro.

- **A maioria das campanhas de preservação de animais que você conhece envolve os animais vertebrados ou os invertebrados? Por que você acha que isso acontece?**

Vamos falar sobre...

Aperitivo de formiga

Quando o padre Anchieta chegou ao Brasil, um hábito curioso dos índios lhe chamou a atenção: em determinada época do ano, eles ficavam ansiosos para colher, aos saltos, "frutos" que vinham do céu. Corriam alegres e enchiam vasos e mais vasos desse alimento que [era] torrado como amendoim [...]. Esses tais "frutos", na verdade, eram formigas com abdômen grande conhecidas por tanajuras ou içás. Segundo uma lenda indígena, foi uma cobra pequena quem ensinou aos índios consumir esse inseto. Certo dia, eles viram o réptil comendo a saúva, experimentaram e perceberam quanto era gostoso.

LAREDO, Gustavo. Aperitivo de formiga. **Globo Rural**. Disponível em: <http://revistagloborural.globo.com/GloboRural/0,6993,EEC875855-5809,00.html>. Acesso em: 15 maio 2018.

- **Você já comeu içá ou tanajura? Conhece alguém que consome esse tipo de alimento? Conte para os colegas.**

Evelson de Freitas/Agência Estado

A formiga tanajura, rainha da espécie saúva, é rica em proteína e pode ser servida torrada com farofa.

Christopher Seno/Shutterstock

Formiga tanajura. Comprimento: cerca de 2 cm.

Agora é com você

1 Observe a tirinha e responda às questões.

© Fernando Gonsales/Arquivo do cartunista

a) Quais animais aparecem na tirinha? Classifique-os em invertebrado e vertebrado.

b) Na sua opinião, a que tipo de "invenções humanas" o personagem está se referindo no primeiro quadro?

c) Que invenção humana causou desequilíbrio no personagem que caiu?

2 **Leia a lista de animais abaixo e marque V para os vertebrados e I para os invertebrados.**

☐ Besouro	☐ Beija-flor	☐ Peixe-boi
☐ Estrela-do-mar	☐ Golfinho	☐ Morcego
☐ Iguana	☐ Cavalo-marinho	☐ Tartaruga
☐ Sapo	☐ Tatuzinho-de-jardim	☐ Coral
☐ Lula	☐ Lesma	☐ Taturana
☐ Caranguejo	☐ Polvo	☐ Aranha

Autoavaliação

Agora é hora de pensar sobre o que você experimentou e aprendeu. Marque um **X** na opção que melhor representa seu desempenho.

1. Conheço características de alguns grupos de animais invertebrados.			
2. Compreendo a proporção de animais vertebrados e invertebrados na natureza.			
3. Reconheço a importância dos animais invertebrados.			

Sugestões

Para ler

Reprodução/360°

- **O mundo dos animais: um interativo atlas dos animais**, de Hannah Pang. Editora 360°.

  Uma viagem para os quatro cantos da Terra para descobrir como os animais sobrevivem e se adaptam aos ambientes. Da pequena, mas resistente, formiga-cortadeira à majestosa baleia-azul, há muito para explorar nesse atlas interativo dos animais, repleto de fotos e abas que dão vida ao mundo natural.

Reprodução/Atual Editora

- **Uma dúzia e meia de bichinhos**, de Marciano Vasques. Editora Atual.

  Os poemas dessa obra trazem à tona os bichinhos (invertebrados) que fazem parte do nosso dia a dia.

Para acessar

- http://chc.cienciahoje.uol.com.br/muitas-mas-nem-tantas-pernas/

  Responda rápido: Quantas pernas uma centopeia tem? Descubra! Você vai se surpreender.

  Acesso em: 19 abr. 2018.

UNIDADE

5 Nosso corpo se movimenta

Nesta unidade você vai:

- Investigar os movimentos do corpo.
- Reconhecer alguns ossos e articulações do esqueleto humano.
- Entender o papel dos músculos nos movimentos.

Observe a imagem e converse com seus colegas:

1. Como estão as pernas, os braços e o corpo das crianças que estão jogando capoeira?
2. Tente reproduzir a posição de uma das crianças que estão jogando capoeira. O que em seu corpo permite que você permaneça nessa posição?
3. As crianças que estão tocando instrumentos precisam se movimentar? Se sim, que partes do corpo elas movimentam?

Leo Vargas/Arquivo da editora

Crianças jogando capoeira.

Os ossos

Na unidade 3, você descobriu que os animais vertebrados têm crânio e coluna vertebral, além de outros ossos.

Os ossos ficam dentro do corpo e têm formatos e tamanhos diferentes. O conjunto de todos os ossos do corpo forma o esqueleto. Ele sustenta o corpo com a ajuda dos músculos.

• Cores artificiais • Esquema simplificado

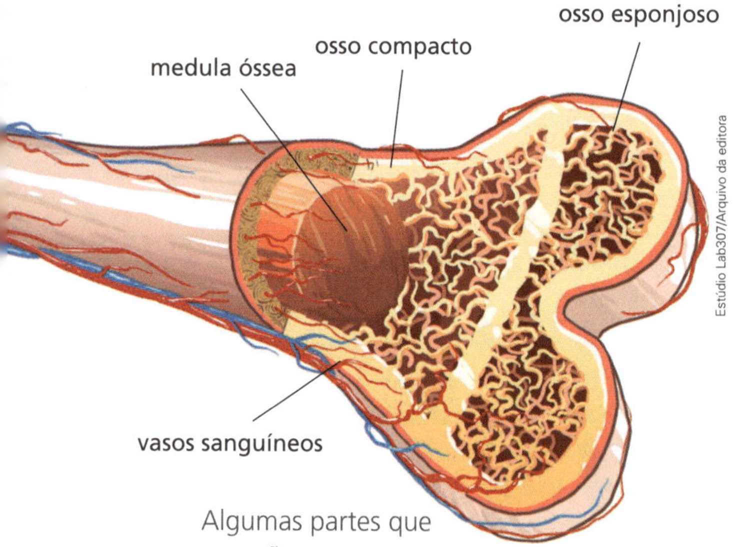

Algumas partes que compõem a estrutura interna do osso.

Além disso, os ossos protegem os órgãos internos e, com a ajuda dos músculos, movimentam o corpo.

Você sabe por que sentimos dor quando, por exemplo, batemos a perna em um móvel? Isso acontece porque os ossos têm nervos que lhes dão sensibilidade. Os ossos são estruturas vivas que contêm, além dos nervos e vasos sanguíneos, minerais como o cálcio.

Sentimos dor ao bater a perna porque os nervos dos ossos nos fazem ter essa sensação quando nos machucamos.

• **Você já imaginou como seria o seu corpo se você não tivesse ossos? Explique sua resposta.**

Vamos investigar

Sentindo nossos ossos

Os ossos do corpo humano têm tamanhos e formatos diferentes. Vamos conhecer alguns ossos do nosso corpo?

Como fazer

1. Apalpe sua cabeça para sentir o crânio e os ossos da face.
2. Apalpe seu rosto e sinta a mandíbula. Perceba como ela se movimenta quando abrimos e fechamos a boca.
3. Apalpe os ossos de sua coluna vertebral, começando na nuca e seguindo ao longo das costas.
4. Faça movimentos com a cabeça, dobre o corpo para a frente, para trás e para os lados. Perceba como a coluna vertebral se movimenta.
5. Apalpe os ossos do seu braço e do seu ombro.
6. Apalpe suas costelas e o osso onde elas se prendem na frente do tórax.
7. Apalpe os ossos do seu quadril.
8. Apalpe os ossos de sua perna.
9. Apalpe os dedos dos pés e das mãos. Perceba os movimentos que eles fazem.

Ilustrações: Beatriz Mayumi/Arquivo da editora

Conclusão

1 **Você percebeu diferenças de tamanho entre os diversos ossos do seu corpo? Se sim, descreva uma delas.**

....

....

2 **Você percebeu diferenças de formato entre os diversos ossos do seu corpo? Se sim, descreva algumas delas.**

....

....

Na atividade investigativa que acabou de fazer, você sentiu e percebeu a diferença entre os ossos que compõem seu corpo. Vamos ver agora a aparência deles e algumas funções que têm no corpo humano?

Esqueleto humano

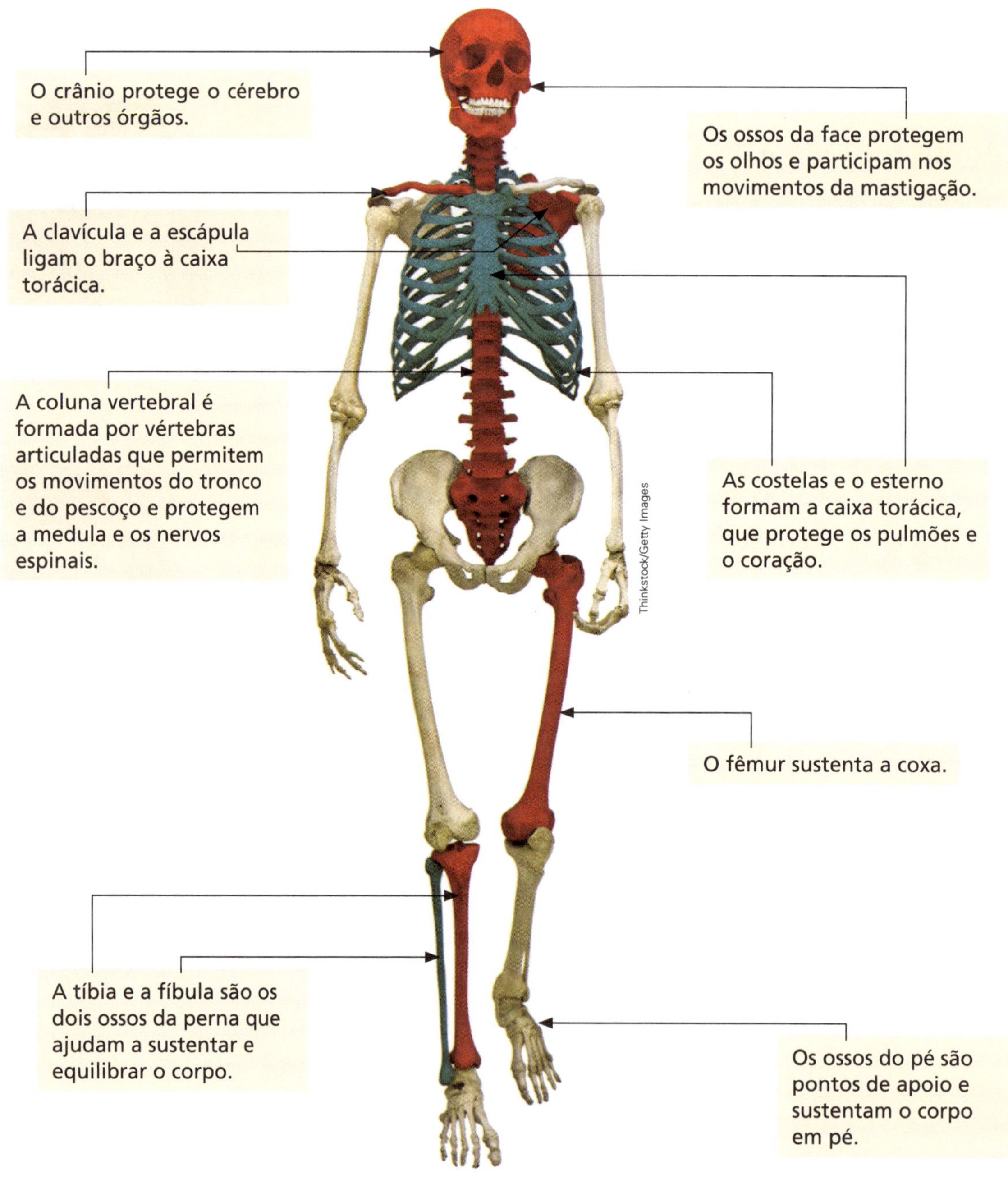

Você também viu, na investigação da página anterior, que podemos movimentar os ossos. Isso ocorre porque entre alguns deles há articulações, pontos em que eles se encaixam, permitindo os movimentos.

Agora é com você

1 **Observe a figura. Ela representa o esqueleto de uma pessoa sentada.**

- Que articulações do esqueleto permitem que a pessoa fique nesta posição?

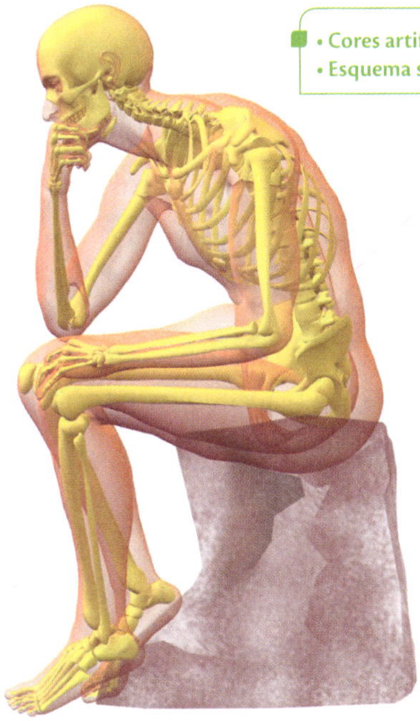

Thinkstock/Getty Images

2 **Veja a representação do esqueleto de uma pessoa em posição abaixada.**

- Que articulações permitem esse movimento do tronco?

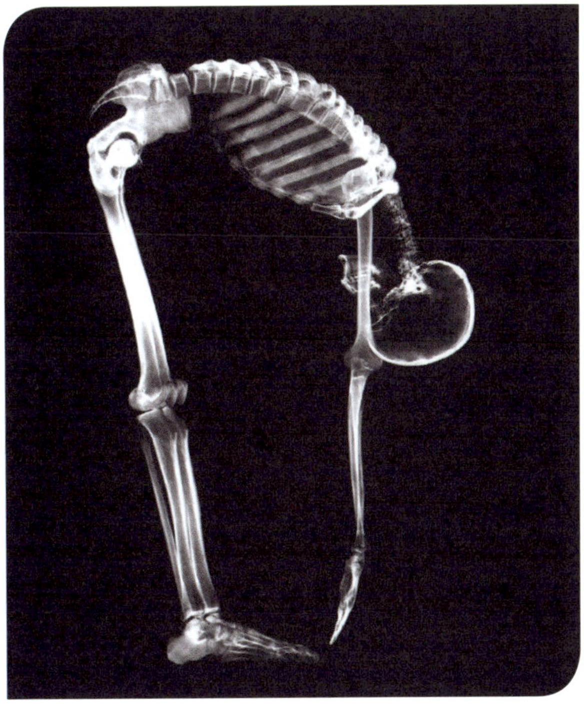

Thinkstock/Getty Images

Os músculos

Apalpe novamente os ossos do seu braço. Para senti-los, temos também de apalpar a pele e um pouco de gordura que está debaixo dela. Mas não é só isso: abaixo da pele e da gordura, há uma camada mais firme que envolve os ossos. Você sabe como ela se chama? São os músculos.

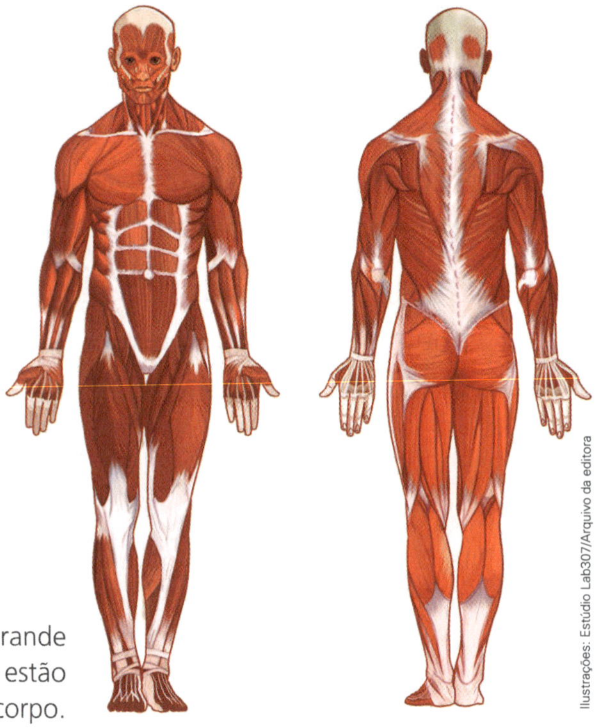

O corpo humano possui grande quantidade de músculos, que estão dispostos ao longo de todo o corpo.

Ilustrações: Estúdio Lab307/Arquivo da editora

• Cores artificiais • Esquema simplificado
• Elementos não proporcionais entre si

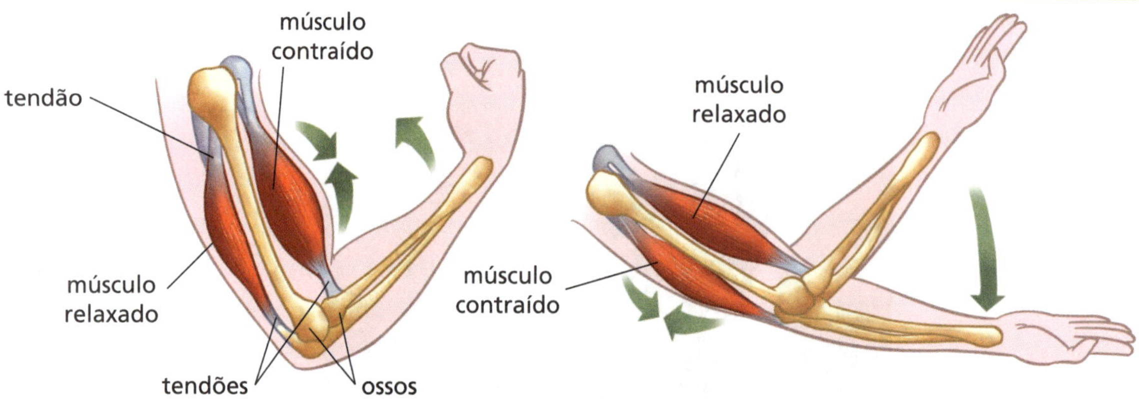

Os músculos podem relaxar e contrair. Quando estão relaxados, ficam finos e longos; quando estão contraídos, ficam curtos e grossos. A contração e o relaxamento permitem o movimento.

Os músculos estão ligados aos ossos por meio dos tendões. Alguns se contraem pela nossa vontade: são os **músculos voluntários**. São eles que movimentam nossos braços, pernas e partes do rosto, por exemplo.

Também existem músculos que trabalham sem nosso comando, como o coração e os músculos do intestino e do estômago. Eles são **músculos involuntários**.

O coração bombeia o sangue para todo o corpo. Os músculos do estômago fazem movimentos que ajudam na digestão do alimento. O movimento do intestino empurra os alimentos, que assim caminham ao longo dele até os restos serem eliminados para fora do corpo.

Você conhece alguém que precise utilizar uma cadeira de rodas para se locomover? Essas pessoas, geralmente, possuem uma condição, chamada paraplegia ou tetraplegia, que as impede de movimentar algumas partes do corpo. As pessoas podem nascer com essa condição ou se tornar cadeirantes após sofrerem um acidente ou contraírem alguma doença.

wavebreakmedia/Shutterstock

A cadeira de rodas permite a locomoção de pessoas que não conseguem movimentar as pernas.

Vamos falar sobre...

Direitos humanos e cidadania

A sala de aula está uma algazarra. A turma do fundão troca bolinhas de papel, alguns cochicham pelos cantos e outros dois desenham no quadro. O professor entra na sala e tudo volta à calmaria. Entre os 30 alunos daquela turma, um deles é a cadeirante Gabriela da Costa, de 14 anos. Portadora de deficiência intelectual e física, Gabi, como é chamada pelos colegas de turma, é tratada como mais uma aluna, sem restrições.

Na hora do recreio, outros amigos de classe a auxiliam com a cadeira para descer as rampas. Não que isso seja necessário. Mas todos parecem gostar de interagir com ela. [...]

Um dos banheiros é adaptado para cadeirantes. Uma campainha fica na altura dos joelhos para ser tocada em eventuais emergências e a maçaneta da porta é mais baixa. Tem ainda apoio de mão em todas as laterais e a pia é rebaixada – assim como os bebedouros do corredor. Tudo para que ninguém precise de ajuda extra. O refeitório também recebeu uma rampa de acesso.

MORATELLI, Valmir. Escola é modelo para a socialização de deficientes. **Último Segundo**. Disponível em: <http://ultimosegundo.ig.com.br/educacao/escola+e+modelo+para+socializacao+de+deficientes/n1237618777516.html>. Acesso em: 17 maio 2018.

1. Cite algumas adaptações que a escola onde Gabi estuda oferece.
2. As pessoas com necessidades especiais têm os mesmos direitos que as pessoas sem necessidades especiais? Comente sua resposta.

Agora é com você

1 A prática de esportes e atividades físicas é importante para a saúde dos ossos e o desenvolvimento dos músculos. Analise o gráfico e responda:

Atividades físicas praticadas pelos alunos de uma classe

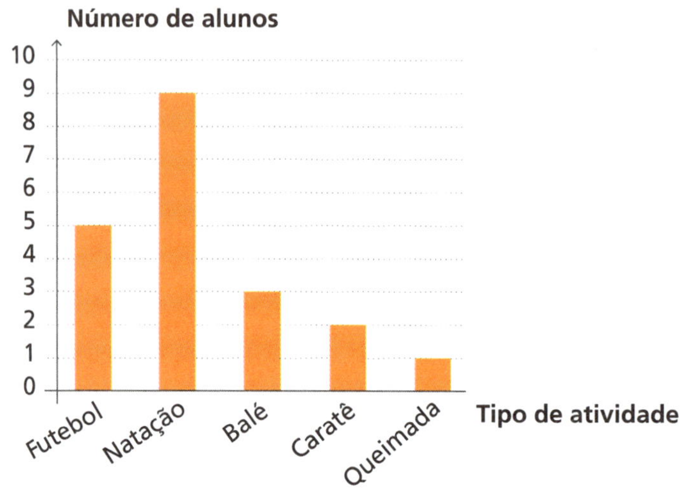

Banco de imagem/Arquivo da editora

Gráfico elaborado pelos autores.

a) Nesse grupo de alunos, quantos praticam natação?

....

b) Qual é a atividade menos praticada?

....

2 **Que músculos são mais utilizados quando andamos de bicicleta?**

....

....

Decha Laoharuengrongkun/Shutterstock

É importante usar capacete quando se anda de bicicleta. Ele protege o crânio e evita danos ao cérebro em caso de acidentes.

Autoavaliação

Agora é hora de pensar sobre o que você experimentou e aprendeu. Marque um **X** na opção que melhor representa seu desempenho.			
1. Compreendo como acontecem os movimentos do corpo.			
2. Reconheço alguns ossos e articulações do esqueleto humano.			
3. Entendo o papel dos músculos nos movimentos.			

Sugestões

Para ler

- **Corpo humano**, de Caroline Bingham. Editora Girassol.

  Cheio de curiosidades e com várias fotografias, o livro traz informações para as crianças explorarem o corpo humano.

Reprodução/Editora Girassol

- **O livro mágico do corpo humano**, de Gilson Barreto. Editora Caramelo.

  Esse livro, escrito por um médico, é dirigido especialmente para crianças. Leia sobre o funcionamento do sistema locomotor.

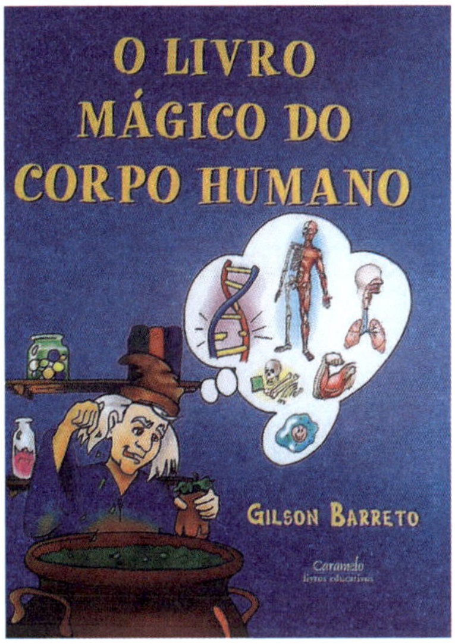

Reprodução/Caramelo

UNIDADE

6 Como percebemos o mundo

Nesta unidade você vai:

- Reconhecer quais são os cinco sentidos.
- Relacionar cada sentido a um órgão do corpo humano.
- Conhecer hábitos necessários para a manutenção da saúde auditiva e visual.

Observe a imagem e converse com seus colegas:

1. Você acha que a menina consegue sentir a areia com os pés? Por quê?
2. O que ela deve estar ouvindo?
3. Como ela percebe o sol sobre sua pele?
4. Ela precisa ter cuidados com o sol? Quais?

Nickolya/Shutterstock

Criança brincando na praia.

Os sentidos

Você acabou de ver a imagem de uma menina na praia. Ela aproveita o passeio enquanto percebe o mundo ao redor: sente o cheiro do mar, ouve o barulho das ondas e sente o calor do Sol sobre sua pele.

Além dessas sensações, o que mais podemos sentir?

A língua, as orelhas, o nariz, os olhos e a pele são os órgãos do nosso corpo capazes de perceber diferentes sensações. A capacidade de cada um desses órgãos de perceber e interpretar as sensações é chamada **sentido**.

Você sabe qual sentido está associado a cada um desses órgãos? Observe as imagens.

• Elementos não proporcionais entre si

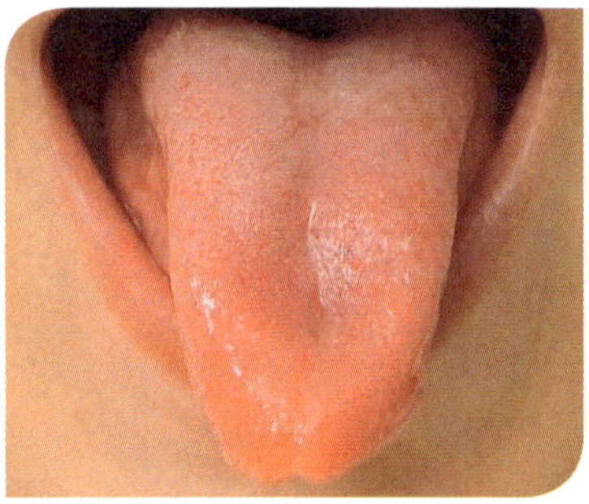

Thinkstock/Getty Images

Com a língua, sentimos os gostos. Esse sentido é chamado **gustação**.

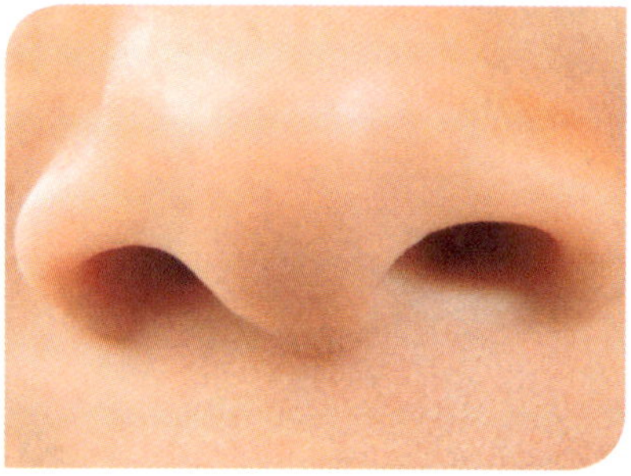

Thinkstock/Getty Images

Com o nariz, sentimos os cheiros. Esse sentido é chamado **olfato**.

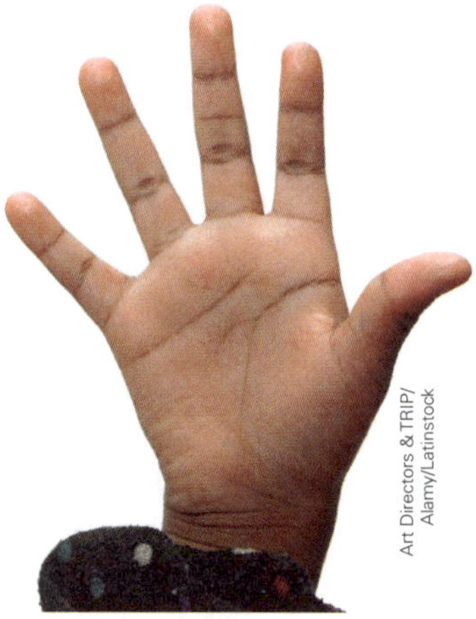

Art Directors & TRIP/Alamy/Latinstock

Com a pele, sentimos as texturas e as temperaturas. Esse sentido é chamado **tato**.

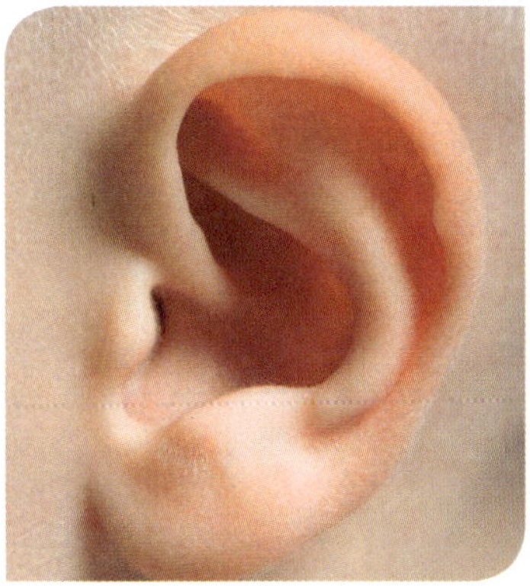

Ilya Andriyanov/Shutterstock

Com as orelhas, ouvimos os sons. Esse sentido é chamado **audição**.

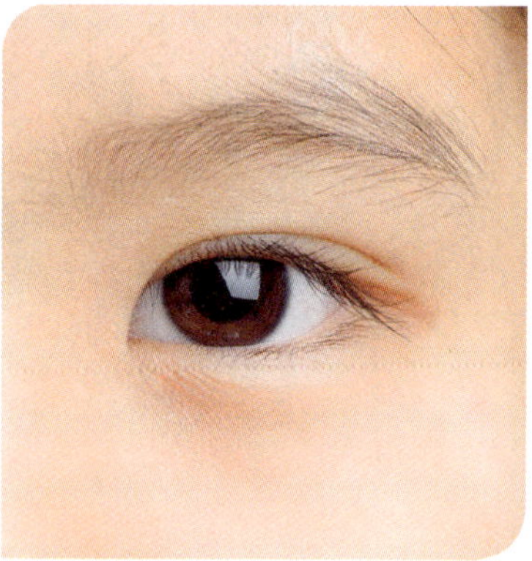

Ronnachai Palas/Shutterstock

Com os olhos, vemos o mundo ao nosso redor. Esse sentido é chamado **visão**.

Converse com seus colegas:

1. Você usa todos os sentidos nas suas atividades diárias? De que maneira?
2. Você conhece alguém com deficiência em algum desses sentidos? Como essa pessoa percebe o mundo?

Olfato: o mundo dos cheiros

O nariz é o órgão do olfato. É com ele que sentimos os cheiros.

Você acha que é importante sentir cheiros? Por quê?

O olfato nos permite saber se há alimento por perto.

Cheiros ruins nos alertam para ambientes ou alimentos que podem nos fazer mal.

Converse com seus colegas:

1. Como o menino descobriu que o pai acabou de assar um bolo?
2. Como a menina percebeu que havia algum alimento estragado na geladeira?
3. Qual órgão do corpo foi usado pelas crianças para perceber esses cheiros?
4. Como chamamos o sentido que nos faz perceber cheiros?

Agora é com você

1 Contorne a imagem daquilo que tem um cheiro de que você gosta.

• Elementos não proporcionais entre si

BeaB/Shutterstock
Flores.

Dario Lo Presti/Shutterstock
Sacos de lixo.

LVV/Shutterstock
Sabonete.

pilipphoto/Shutterstock
Suco de morango.

Fotosr52/Shutterstock
Laranja estragada.

Africa Studio/Shutterstock
Roupa limpa.

2 O que é, o que é: O que mais cheira no mundo?

....

3 Você acha que a meia que o menino está segurando está limpa? Por quê?

Imaginário Studio/Arquivo da editora

....

....

4 Leia:

O gás de cozinha não tem cheiro, mas é perigoso e pode causar acidentes se vazar do botijão ou do encanamento.

Então, para deixar o uso do gás mais seguro, outro gás, com um cheiro forte, é misturado com ele. Assim, se ocorrer um vazamento, logo será percebido, pois as pessoas vão sentir o cheiro do gás que foi misturado, evitando assim acidentes graves.

- O que poderia acontecer se o gás de cozinha não fosse misturado a um gás de cheiro forte?

Gustação: o mundo dos gostos

A língua é o órgão da gustação. Com a língua e com outras regiões da boca sentimos os gostos.

Os quatro gostos principais são: doce, salgado, azedo e amargo.

Qual é o seu gosto preferido?

Observe as imagens e as palavras que indicam os tipos de gosto que podemos sentir.

• Elementos não proporcionais entre si

bergamont/Shutterstock

A manga é doce.

aarrows/Shutterstock

O queijo é salgado.

Thinkstock/Getty Images

O limão é azedo.

Jobz Fotografia/Shutterstock

O jiló é amargo.

> Como será que pode uma colher cheia de doce parecer tão pouquinho que não dá nem para sentir? E cheia de remédio ficar tanto que não dá nem para engolir?
>
> MASUR, Jandira. **O frio pode ser quente?**. São Paulo: Ática, 1990.

• **Você também acha que é fácil engolir o doce e difícil engolir o remédio? Por quê?**

Vamos investigar

Sentimos o sabor dos alimentos apenas com a gustação?

Se provarmos uma azeitona e um pedaço de queijo, saberemos diferenciar o gosto de cada um deles. Mas, se ambos são salgados, como sabemos qual é a azeitona e qual é o queijo? É isso que vamos descobrir agora.

Beatriz Mayumi/Arquivo da editora

Levantando hipóteses

- **Você acha que para sentir o sabor dos alimentos é necessário sentir o cheiro deles?**

☐ Sim ☐ Não

Como fazer

1. Forme um grupo com os colegas. Cada grupo receberá copos numerados de 1 a 4.
2. Um dos colegas do grupo, de olhos vendados, vai experimentar o alimento de cada copo, primeiro com o nariz tapado e depois com o nariz destapado. Após cada degustação, o colega deverá tentar reconhecer o alimento.
3. Anote cada resposta no quadro e depois conte os erros e acertos.

Copo	Teste com o nariz tapado	Teste com o nariz destapado
1		
2		
3		
4		

Resultados

- **O resultado confirma sua hipótese inicial?**

☐ Sim ☐ Não

Pensando sobre os resultados

- **Quando estamos resfriados, o alimento parece não ter sabor. Por que isso acontece?**

Visão: imagens do mundo

Imagine que você esteja de pé, mas com os olhos fechados. Você acharia difícil caminhar? Encontrar uma pessoa? Procurar um objeto?

Os olhos são os órgãos da visão. É por meio deles que vemos o mundo que nos cerca. Com a visão, conseguimos ver as cores, as formas e os tamanhos dos objetos e dos seres.

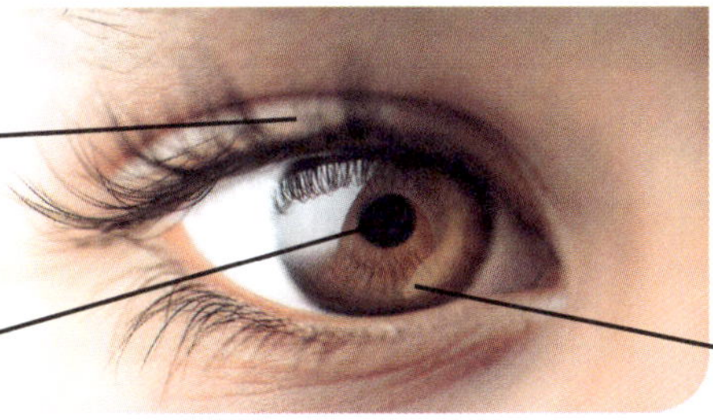

Olho humano.

Você já sentiu algum incômodo nos olhos? Estava brincando ao ar livre quando, por exemplo, o vento carregou alguma coisa que entrou nos seus olhos? O que você deve fazer em um momento como esse?

Veja alguns cuidados importantes que você precisa ter com os olhos:

Não ficar muito perto do televisor ligado.

Ler em lugares bem iluminados.

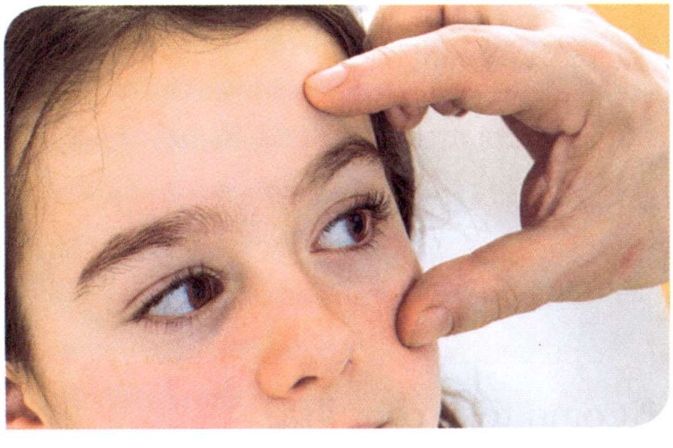

Não esfregar os olhos. Coçar os olhos pode causar problemas para sua visão. Se precisar colocar a mão nos olhos, lave-a antes. Se algo estiver incomodando seus olhos, peça ajuda a um adulto.

dreadek/Shutterstock

Nunca olhar diretamente para o Sol.

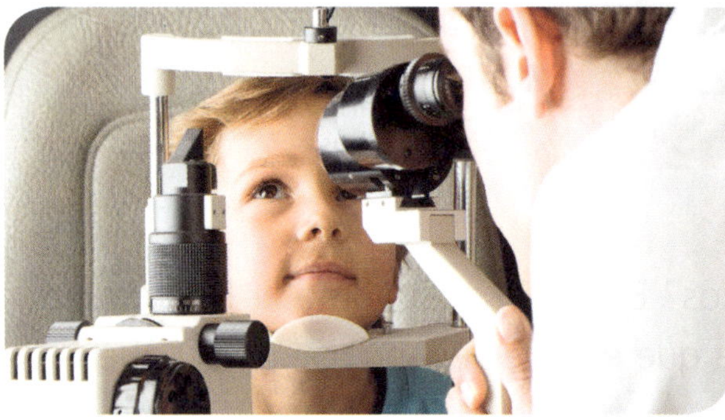

Thinkstock/Getty Images

Consultar o oftalmologista pelo menos uma vez ao ano para saber se os seus olhos estão saudáveis. Se não estiver enxergando bem, peça ao adulto que cuida de você que o leve para uma consulta.

Manter o ambiente úmido com toalhas úmidas e recipientes com água ou utilizar um umidificador de ar. Durante o tempo seco, a baixa umidade do ar pode causar irritação nos olhos, porque a lágrima, que lubrifica seus olhos, evapora mais rápido.

Elizaveta Galitckaia/Shutterstock

TristanBM/Shutterstock

Uma boa alimentação vai contribuir para que você tenha ótima visão, em especial alimentos ricos em vitamina A: ovo, leite, cenoura, brócolis, beterraba, couve e batata-doce, por exemplo.

Converse com seus colegas:

1 O que o oftalmologista faz?

2 Você já consultou um oftalmologista? Como foi a consulta?

Vamos investigar

Para que serve a pupila?

Você sabia que a quantidade de luz em um ambiente afeta o tamanho da pupila? Vamos investigar como isso acontece?

Levantando hipóteses

- **Observe a diferença entre as pupilas dos dois gatos.**

Thinkstock/Getty Images

Pupilas bem abertas.

Brenda Carson/Shutterstock

Pupilas bem fechadas.

Qual dos gatos está em um ambiente mais iluminado?

Como fazer

1. Você e um colega devem ir para um local bem iluminado e observar a condição das pupilas um do outro.

2. Depois, devem ir para um local com sombra, mais escuro. Aguardem alguns minutos e observem novamente a condição das pupilas um do outro.

Ilustrações: Beatriz Mayumi/Arquivo da editora

Vamos investigar

Resultados

- Marque um **X** na condição (mais abertas ou mais fechadas) das pupilas nas situações anteriores:

Minhas pupilas				Pupilas do meu colega			
No ambiente iluminado		No ambiente escuro		No ambiente iluminado		No ambiente escuro	
mais abertas	mais fechadas	mais abertas	mais fechadas	mais abertas	mais fechadas	mais abertas	mais fechadas

Pensando sobre os resultados

1. Compare seus resultados com os resultados das outras duplas. Eles são iguais ou diferentes? Por quê?

2. Sua hipótese foi confirmada?

☐ Sim ☐ Não

3. Como você explica os resultados?

4. Para que serve a pupila?

Audição: o mundo dos sons

As orelhas são os órgãos da audição. É com elas que escutamos os sons que estão ao nosso alcance, como a voz das pessoas, o canto dos pássaros, uma música sendo tocada, o motor dos carros, o barulho das ondas do mar, a sirene da ambulância, entre muitos outros.

As orelhas têm uma parte externa, que podemos ver, e uma parte interna.

Na parte interna das orelhas, uma cera protetora é produzida para reter a entrada de sujeira. Mas atenção: nunca retire essa cera com objetos ou com hastes flexíveis, porque isso pode prejudicar a parte interna das orelhas.

adriaticfoto/Shutterstock

A comunicação por Libras (Língua de Sinais Brasileira) é usada quando alguém não pode ouvir o som da fala.

GOLFX/Shutterstock

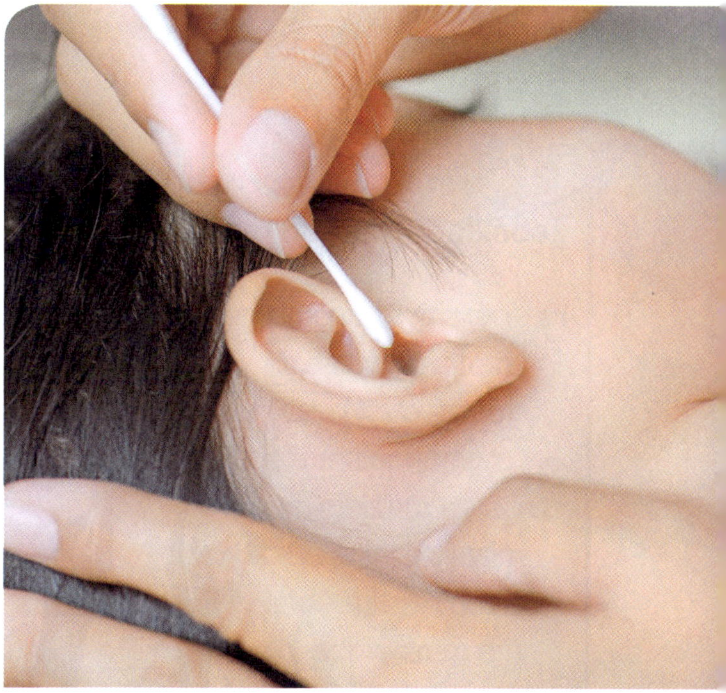

As hastes flexíveis só podem ser usadas para a higiene da parte externa das orelhas.

É muito importante cuidar da saúde das orelhas fazendo a higiene correta, protegendo-as de sons muito intensos, que podem ser prejudiciais, e consultando um médico especialista sempre que for necessário.

Converse com seus colegas:

1 **Você usa fones de ouvido? Qual modelo você usa: aquele que é colocado sobre as orelhas ou aquele que é colocado dentro delas?**

2 **Qual modelo de fones de ouvido você acha que é o melhor? Por quê?**

Sons muito intensos podem causar lesões nas orelhas. Essas lesões podem até levar à surdez se a emissão sonora continuar intensa por muito tempo.

Nos casos em que há um contato contínuo com sons muito intensos, é necessário utilizar protetores auriculares para proteger as orelhas e garantir a saúde do sistema auditivo. Também não devemos ouvir música com fones de ouvido durante muito tempo e com som de alta intensidade. Caso esses cuidados não sejam tomados, poderá ocorrer uma lesão auditiva e até mesmo a perda da audição.

Firma V/Shutterstock

Sons muito intensos prejudicam a audição, por isso é necessário o uso de protetores auriculares.

Africa Studio/Shutterstock

Devemos ter cuidado com o volume do som dos fones de ouvido.

Para evitar a perda auditiva, o melhor é a prevenção. É possível evitar o barulho excessivo com algumas atitudes simples:

- Não buzinar sem necessidade;
- Não ouvir música em intensidade que incomode os vizinhos ou quem estiver por perto;
- Não usar fones de ouvido com som de intensidade alta durante muito tempo;
- Não falar aos gritos;
- Não usar máquinas barulhentas (furadeiras, por exemplo) durante a noite.

Em vários municípios brasileiros, já existem leis para garantir que as pessoas não fiquem expostas a ruídos que provoquem incômodo.

Agora é com você

1 **Veja as figuras e indique a resposta marcando com um X.**

a) Os círculos de cor laranja são do mesmo tamanho ou de tamanhos diferentes?

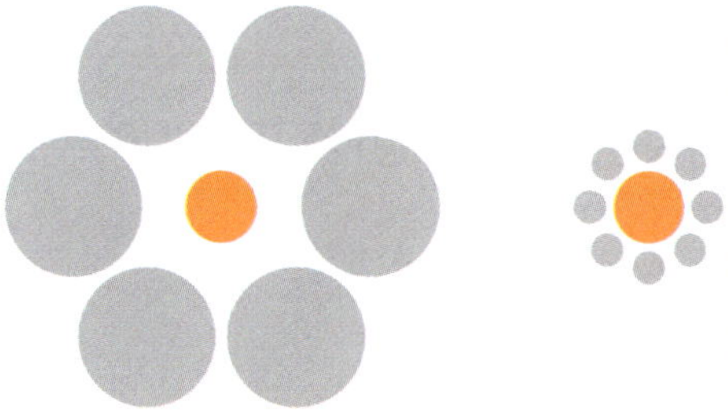

Wilson Jorge Filho/Arquivo da editora

☐ Mesmo tamanho ☐ Tamanhos diferentes

b) Os traços verticais vermelhos são de mesmo tamanho ou de tamanhos diferentes?

Banco de imagens/Arquivo da editora

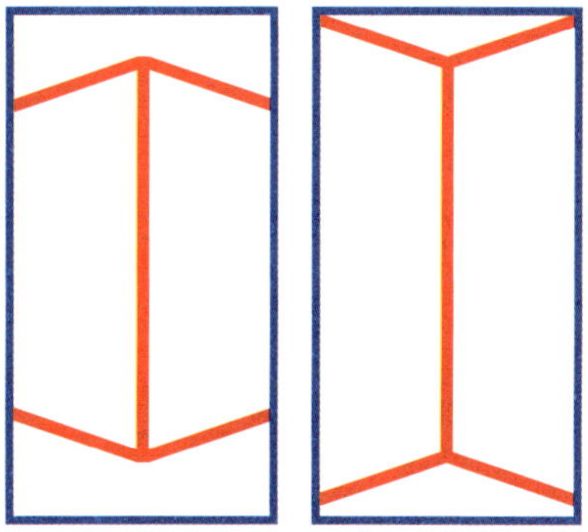

☐ Mesmo tamanho ☐ Tamanhos diferentes

2 **Marque com um X as frases que apresentam atitudes corretas.**

☐ As hastes flexíveis são usadas para retirar a cera de dentro das orelhas.

☐ Podemos limpar as orelhas com um objeto pontudo.

☐ As hastes flexíveis podem ser usadas para limpar a parte externa das orelhas.

☐ Durante o banho devemos lavar as orelhas sem deixar que a água entre na parte interna delas.

☐ Podemos retirar o excesso de cera das orelhas com uma toalha úmida.

Vamos investigar

Telefone de copos plásticos

Neste experimento, você vai construir dois telefones simples usando copos de plástico, barbante e linha de pesca.

Será que eles funcionam? É o que vamos testar a seguir.

• Elementos não proporcionais entre si

Thinkstock/Getty Images

Copos plásticos.

Daniel Sanchez Blasco/Alamy/Diomedia

Barbante.

Rabbitmoon22/Shutterstock

Linha de pesca.

Material

- quatro copos descartáveis de plástico (peça a um adulto que faça um furo pequeno no fundo de cada copo)
- três metros de barbante ou linha grossa de costura
- cinco metros de linha de pesca

ATENÇÃO: Faça com a ajuda de um adulto.

CUIDADO: Não mexa no fogo e em objetos afiados.

Como fazer o telefone usando barbante

1. O primeiro telefone será feito com dois copos plásticos e barbante.
2. Passe a ponta do barbante ou da linha grossa de costura pelo furo no fundo do copo, de fora para dentro.
3. Quando o barbante passar pelo furo, puxe e dê vários nós para que não escape.
4. Faça o mesmo com a outra extremidade do barbante e com o outro copo.
5. Com um colega, teste o telefone. Enquanto um fala, colocando a boca no copo, o outro ouve, colocando o outro copo na orelha.

6. Comece usando o fio esticado.

a) Foi possível se comunicar com seu colega?

b) Mesmo falando baixo, dá para ouvir o colega?

7. Agora, afrouxe o barbante.

a) Foi possível se comunicar com seu colega?

b) Mesmo falando baixo, dá para ouvir o colega?

Como fazer o telefone usando linha de pesca

1. Usando os outros copos e a linha de pesca, construa outro telefone seguindo as mesmas orientações do telefone feito com barbante.

2. Teste seu telefone com a linha esticada.

a) Foi possível se comunicar com seu colega?

b) Mesmo falando baixo, dá para ouvir o colega?

3. Teste seu telefone com a linha afrouxada.

a) Foi possível se comunicar com seu colega?

b) Mesmo falando baixo, dá para ouvir o colega?

Conclusão

1 Nos telefones que você fez, como o som sai de um copo e chega ao outro?

2 Foi mais fácil falar com seu colega utilizando o telefone de barbante ou o telefone de linha de pesca? Por quê?

3 Foi mais fácil falar com seu colega com a linha de pesca, com o barbante afrouxado ou com o barbante esticado? Por quê?

Tato: sentindo o mundo com a pele

Se você, por acidente, encostasse em uma panela muito quente, é bem provável que sentiria dor. E, ao sentir dor, o que você faria? Qual seria sua reação?

A pele é o órgão do tato. Com a pele, nós percebemos, por exemplo, o que é quente, o que é frio, o que é macio, o que é duro, o que é áspero ou o que é liso.

Ao encostarmos a pele em objetos pontiagudos ou em algo muito quente, o tato pode nos alertar para o risco de ferimentos como cortes e queimaduras. Essas sensações desagradáveis ficam guardadas em nossa memória e aprendemos que não devemos mais encostar em objetos com essas características.

• Elementos não proporcionais entre si

O tato nos faz perceber, por exemplo, que os espinhos do cacto podem machucar.

A pele é o principal órgão do sentido do tato.

As sensações percebidas pelo tato ficam guardadas na memória.

Agora é com você

1 Observe as imagens e responda às questões.

Thinkstock/Getty Images

Os pelos do coelho o mantêm aquecido.

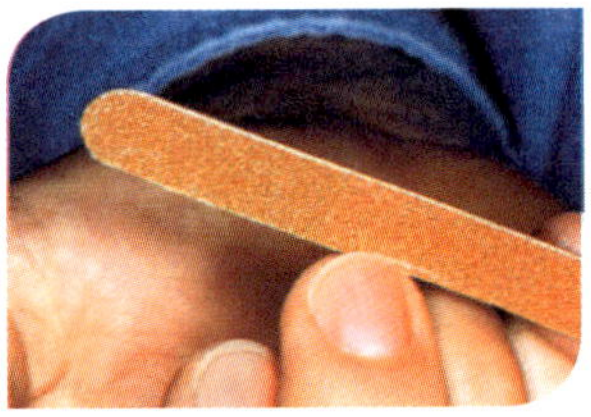
Thinkstock/Getty Images

A lixa apara as unhas.

Thinkstock/Getty Images

Os espinhos evitam a perda de água do cacto.

Thinkstock/Getty Images

Os pés deixam marcas dos nossos passos na areia da praia.

a) Qual sentido nos permite saber a cor do coelho? ....

b) Qual sentido nos permite sentir a aspereza da lixa de unhas? ....

c) Qual sentido nos permite saber que os espinhos do cacto são duros e pontiagudos? ....

d) Qual sentido nos permite ouvir o som das ondas do mar? ....

2 Observe a fotografia ao lado.

a) Que sentidos permitem que Catarina se oriente em seu caminho de casa até o trabalho?

....

....

....

....

....

Thinkstock/Getty Images

Catarina, que é cega, caminha diariamente de sua casa até seu local de trabalho.

b) Ao voltar para casa, Catarina encontra a fechadura para abrir a porta usando qual sentido?

....

....

Vamos falar sobre...

Sistema braile

Thinkstock/Getty Images

Algumas pessoas têm dificuldade para ver e há algumas que não conseguem ver nada.

Essas pessoas com deficiência visual podem aprender a ler utilizando o tato por meio de um sistema de escrita formado por pontos salientes no papel. Cada conjunto de pontos significa uma letra.

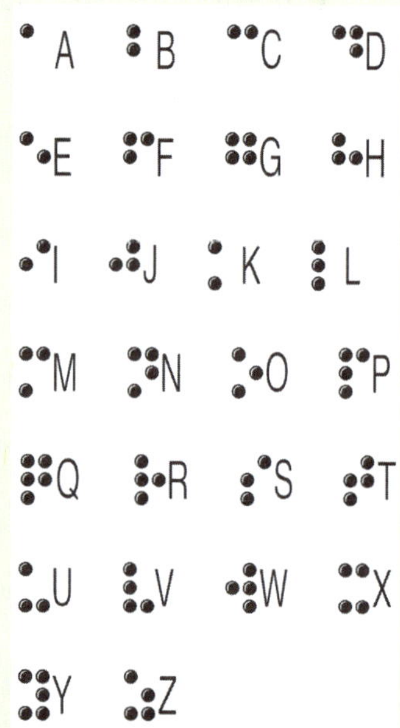

Thinkstock/Getty Images

Para ler um texto no sistema braile, a pessoa passa os dedos por cima dos pontos e o tato informa o arranjo desses pontos.

O sistema braile foi inventado por Louis Braille. Ele vivia na França e ficou cego quando criança.

- **Quais outras atividades podem ser realizadas pelas pessoas com deficiência visual com a ajuda do tato?**

Autoavaliação

Agora é hora de pensar sobre o que você experimentou e aprendeu. Marque um **X** na opção que melhor representa seu desempenho.

1. Reconheço quais são os cinco sentidos.			
2. Relaciono cada sentido a um órgão do corpo humano.			
3. Conheço hábitos necessários para a manutenção da saúde auditiva e visual.			

Sugestões

Para ler

Reprodução/Porto de Ideias

- **Coleção Nossos 5 amigos: os sentidos!**, de Giselda Laporta Nicolelis. Editora Porto de Ideias.

  Esta coleção é uma caixa composta de cinco livros com brincadeiras e histórias sobre pessoas, animais e objetos.

- **Jonas e as cores**, de Regina Berlim. Editora Peirópolis.

  Jonas descobre o mundo das cores e vivencia diversas experiências sensoriais muito divertidas.

- **Os cinco sentidos**, de Bartolomeu C. de Queirós. Editora Global.

  Explore como os cinco sentidos juntos produzem a linguagem.

Para ouvir

- "Aquarela", de Toquinho. Tonga Editora Musical.

  Essa canção explora todos os sentidos em uma viagem no mundo da imaginação.

Para acessar

- http://chc.cienciahoje.uol.com.br/mao-nao-e-termometro/

  No artigo "Mão não é termômetro", você vai saber por que não se deve confiar no tato para medir temperaturas.

  Acesso em: 17 maio 2018.

Conectando saberes

Racismo não está com nada!

Existem na Terra mais de 8 milhões de espécies, entre animais e vegetais. O ser humano, muito cedo na sua história, sentiu a necessidade de organizar toda essa variedade em grupos, ou seja, **classificá-los**, usando alguns critérios.

• Esquema simplificado

1 Classificando os seres vivos

O filósofo grego Aristóteles dividiu os seres vivos em dois grupos: animais e plantas. Mas foi somente em 1735 que um cientista chamado **Carl Lineu** sugeriu um sistema de classificação **usado até hoje**, com modificações. Ele agrupava os organismos principalmente pelas suas maiores ou menores **semelhanças externas**.

Ilustrações: Eduardo Medeiros/Arquivo da editora

2 Seres humanos e raças

Lineu chegou a separar os seres humanos de acordo com a cor da pele e o continente em que viviam.

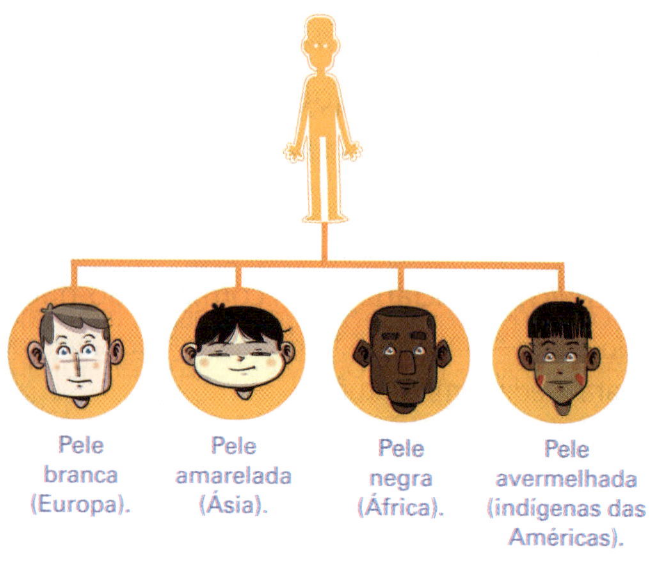

③ Racismo

Mais tarde, essa separação levou outros cientistas a formular a ideia de **raças humanas**, ou seja, subdivisões da espécie humana.

Muitas pessoas aproveitaram a classificação em raças para justificar o racismo e a discriminação.

④ Não existem raças humanas!

Estudos científicos mostraram, recentemente, que as diferenças entre os seres humanos são tão pequenas que não é correto falar em raças humanas.

Eduardo Medeiros/Arquivo da editora

1 Você já viu alguém tratar de forma diferente uma pessoa por causa da cor da pele? Conte como foi.

2 Discuta com seus colegas maneiras de evitar o racismo na escola.

UNIDADE

7 Eu me comunico com o mundo

Nesta unidade você vai:

- Entender a necessidade da comunicação.
- Reconhecer algumas formas de comunicação.
- Entender como os sons são produzidos.
- Verificar o que ocorre com a passagem da luz através de diferentes materiais.

Observe a imagem e converse com seus colegas:

1. Por que precisamos nos comunicar?
2. Como era a comunicação antigamente? Como é a comunicação hoje?
3. Usamos luz e som na nossa comunicação? De que maneira?

Ilustrações:PriWi/Arquivo da editora

Comunicação

A comunicação é uma maneira de compartilhar ideias, pensamentos e informações com outras pessoas. A capacidade de se comunicar é uma das características mais importantes do ser humano, além de ser essencial para sua sobrevivência.

Porém, o ser humano não é o único ser vivo que se comunica: outros animais também são capazes de estabelecer alguma forma de comunicação.

Arco Images GmbH/Alamy/Fotoarena

Várias espécies de animais, como cães, morcegos, onças, aves, baleias e golfinhos, também se comunicam.

- **Você já pensou de quantas maneiras diferentes podemos nos comunicar?**

Monika Wisniewska/Shutterstock

Por meio da Língua de Sinais Brasileira (Libras), pessoas surdas ou mudas podem se comunicar usando gestos feitos com as mãos. Cada gesto pode significar uma letra, uma palavra ou mesmo uma expressão de linguagem. O uso dessa língua é muito importante para estabelecer a comunicação entre surdos e entre surdos e ouvintes.

Nós podemos nos comunicar de várias maneiras – por exemplo, utilizando a escrita, os sons, as imagens e até mesmo os gestos.

Alf Ribeiro/Pulsar Imagens

Em cruzamentos de linhas férreas, as comunicações escrita, sonora e luminosa são utilizadas para garantir a atenção de motoristas e pedestres. As pessoas com deficiência visual devem ficar atentas aos sinais sonoros, como o apito do trem. Já as pessoas com deficiência auditiva devem ficar atentas aos sinais luminosos, como placas pedindo que as pessoas parem e aguardem o trem passar.

Esses recursos estão presentes em instrumentos de comunicação, como o rádio, o telefone, a internet, os livros, os jornais e as revistas.

Ilustrações: Beatriz Mayumi/Arquivo da editora

Podemos nos comunicar de várias maneiras diferentes.

Agora é com você

1 Cite algumas maneiras de comunicação que envolvem:

a) a escrita: ....

b) os sons: ....

c) as imagens: ....

d) os gestos: ....

2 Você se comunica falando em língua portuguesa com sua família, na escola e nas ruas. Como foi que você aprendeu a se comunicar utilizando essa linguagem?

....

....

....

3 Antes de existir a internet e a rede de telefonia celular, como as pessoas se comunicavam com quem morava em outra cidade? Como fazemos isso atualmente? Responda por meio de desenhos e inclua legendas explicativas.

....

....

Som

Você viu que podemos nos comunicar utilizando os sons. Existem muitas maneiras de nos comunicarmos por meio do som e fazemos isso muitas vezes diariamente.

Converse com seus colegas:

1 **Feche os olhos por alguns minutos. Concentre-se nos sons que consegue ouvir e procure identificar cada um deles.**

2 **Que sons vocês conseguiram ouvir?**

3 **Os sons vinham de lugares próximos, distantes ou muito distantes de vocês?**

4 **Havia sons curtos e longos?**

Você sabe dizer como os sons que escutamos são produzidos?

Os sons são produzidos pela vibração de um corpo.

Observe as imagens a seguir.

Cesar Diniz/Pulsar Imagens

Ao batermos em um tambor, fazemos com que esse corpo vibre e produza som.

Xavier Gallego Morell/Shutterstock

Quando tocamos as cordas de um violão, elas vibram e emitem sons.

A nossa voz também é produzida por vibrações de uma estrutura localizada na garganta: as pregas vocais.

• Cores artificiais • Esquema simplificado

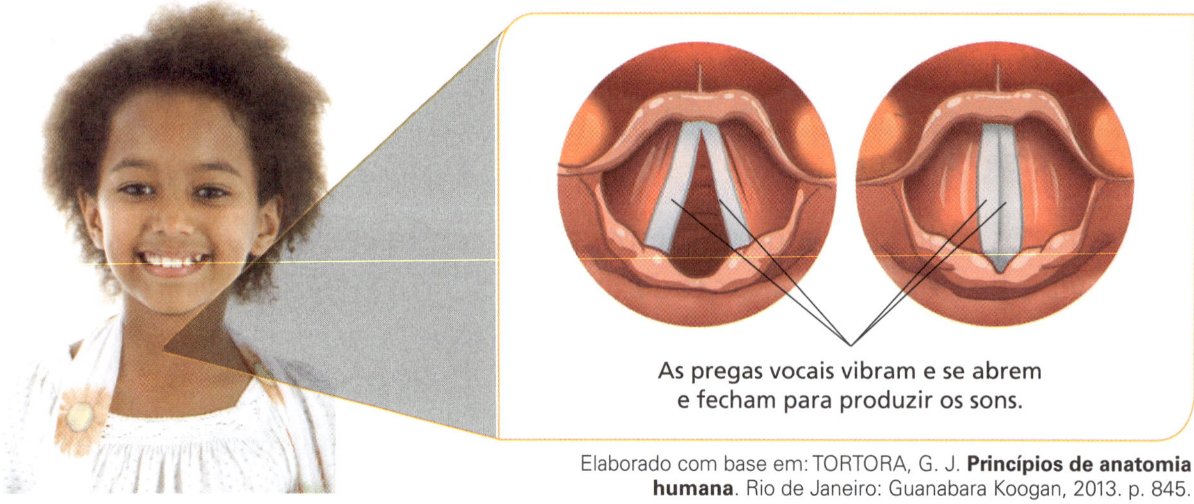

Nico Traut/Shutterstock

Estudio Lab307/Arquivo da editora

As pregas vocais vibram e se abrem e fecham para produzir os sons.

Elaborado com base em: TORTORA, G. J. **Princípios de anatomia humana**. Rio de Janeiro: Guanabara Koogan, 2013. p. 845.

A capacidade de produzirmos sons, somada à nossa capacidade de dar significado aos sons que produzimos, permitiu que o ser humano desenvolvesse a linguagem.

Com o tempo, em diferentes regiões do mundo, surgiram vários idiomas: português, **quimbundo**, espanhol, inglês, alemão, italiano e tantos outros.

Quimbundo: língua do povo banto falada em Angola, na África.

Monkey Business Images/Shutterstock

Ao falarmos, nossas pregas vocais vibram. É assim que conseguimos emitir sons.

Os sons produzidos por uma pessoa ao cantar, ao tocar um tambor ou ao tocar um violão são diferentes.

Alguns sons são graves e outros são agudos. Por exemplo, o som de um trovão é um som grave. Já o som de um apito é um som agudo.

- **Cite alguns exemplos de sons agudos e de sons graves.**

Vamos investigar

Seu corpo pode ser um instrumento?

Vimos que uma das maneiras de nos comunicar é através do som, e que produzimos sons pela vibração de nossas pregas vocais. Mas será que essa é a única maneira de produzirmos sons utilizando nosso corpo? Podemos imaginar nosso corpo como um **instrumento de percussão**?

Instrumento de percussão: que necessita ser percutido (batido), agitado ou friccionado para produzir sons.

Como fazer

1. Pense em algumas maneiras de produzir som utilizando seu corpo: batendo palmas, batendo no peito, estalando os dedos, etc.
2. Converse com seus colegas e, em uma folha à parte, elaborem uma lista com o título: "Como posso utilizar meu corpo como instrumento musical".
3. Tentem produzir sons das maneiras que indicaram na lista.
4. Organizem-se em trios e preparem-se para apresentar os sons para toda a turma.
5. Sentem-se em círculo para se apresentar e assistir à apresentação dos colegas.

Beatriz Mayumi/Arquivo da editora

Pensando sobre os resultados

1 **Você sabia que pode produzir tantos sons diferentes com seu corpo?**

2 **Qual novo som você descobriu que é possível produzir com seu corpo?**

3 **Com a boca fechada, use seus dedos para percutir sua bochecha. Ouça com atenção o som emitido.**

a) Repita a operação, mas desta vez com a boca aberta. Como ficou o som agora?

....

b) Os sons ficaram diferentes com a boca aberta e com a boca fechada?

....

Vamos investigar

Que sons os objetos podem produzir?

Você já produziu vários sons com seu corpo. E os objetos, que sons podem produzir? Neste experimento vamos testar as possibilidades sonoras de diferentes objetos.

Material

- uma caixa de papelão grande
- uma toalha de banho grande
- objetos variados: bexigas, barbantes, caixas, garrafas e copos de vidro e de plástico, sacolas, conchas, tubos de papelão, moedas, chaves, talheres de metal e de madeira, etc.

Como fazer

Cada grupo de três alunos produzirá um som nas três condições explicadas a seguir. Observe se o som durou muito ou pouco, se é grave ou agudo e se é forte ou fraco.

1. Produzam três sons diferentes a partir dos objetos que selecionaram.
2. Os mesmos sons serão produzidos, com os mesmos objetos, mas dentro de uma caixa de papelão.
3. Os mesmos sons serão produzidos, com os mesmos objetos, mas desta vez um colega vai segurar uma toalha de banho envolvendo a caixa de papelão, como se ela estivesse embrulhada.

Beatriz Mayumi/Arquivo da editora

Conclusão

1. **Todos os objetos produziram o mesmo som?**
2. **Quais diferenças você notou entre o som produzido fora e dentro da caixa de papelão?**
3. **Quais diferenças você notou entre o som produzido dentro da caixa de papelão, com e sem a toalha?**

Vamos falar sobre...

Lei do silêncio

Sons de volume elevado são danosos à saúde do ser humano e de outros animais. Por isso, apesar de não existir uma lei nacional, cada estado ou município tem sua própria lei para o controle da emissão de sons prejudiciais à saúde.

Assim, a expressão "lei do silêncio" não se refere a uma lei específica, mas sim a um conjunto de leis federais, estaduais e municipais que têm o mesmo objetivo.

Consideram-se prejudiciais à saúde, à segurança ou ao sossego público os sons produzidos por buzinas em "zona de silêncio", como nas proximidades de hospitais, e os produzidos por aparelhos de som, televisores, instrumentos musicais, furadeiras, cães e gatos, em intensidade que provoque desconforto às pessoas que estejam ao redor.

- **Você já viu alguém desobedecendo a alguma "lei do silêncio"? Conte como foi.**

Luz

Você já tentou encontrar algum objeto em um quarto escuro? É bem difícil, afinal não conseguimos enxergar no escuro. Isso acontece porque para enxergarmos qualquer objeto é necessário que a luz chegue até nossos olhos.

Sabemos que alguns elementos emitem luz, como o Sol, o fogo, uma lanterna ou lâmpada. Mas, então, como conseguimos enxergar os elementos que não emitem luz, como uma porta, uma pessoa ou um lápis?

Nós enxergamos esses objetos porque eles refletem a luz que recebem. E é essa luz refletida dos objetos que chega até nossos olhos e permite que os enxerguemos.

Thinkstock/Getty Images

O lampião emite luz.

Thinkstock/Getty Images

O livro reflete a luz da lanterna.

Luz branca

Você sabia que a luz branca é formada por várias cores? Essa propriedade pode ser observada na natureza quando a luz passa pelas gotas de água das nuvens e se decompõe em suas cores, formando o arco-íris. Também podemos observar a decomposição da luz branca quando ela atravessa um prisma.

Thinkstock/Getty Images

Luz decomposta em suas cores pelas gotas de água suspensas no ar.

Science Source/GIPhotoStock/Diomedia

Luz decomposta em suas cores por um prisma.

A luz e a visão

Você já viu que o corpo humano tem cinco sentidos principais: visão, audição, olfato, tato e gustação. Eles agem em conjunto e trazem informações sobre o mundo à nossa volta.

As informações que recebemos pela visão dependem da luz que entra em nossos olhos.

- Cores artificiais
- Esquema simplificado

Estúdio Lab307/Arquivo da editora

Sem luz não podemos enxergar os objetos, com suas formas e cores. A luz refletida pelos objetos entra nos nossos olhos e forma uma imagem que é enviada ao cérebro. Sem luz não há imagem, por isso não enxergamos no escuro.

Em nosso cérebro, as imagens são interpretadas, e com essas informações podemos nos orientar, caminhar, produzir objetos, ler e escrever; enfim, podemos perceber o mundo e agir nele.

Alguns animais, assim como os seres humanos, são capazes de enxergar imagens coloridas. Outros, como os cães, não enxergam muitas cores.

Agora é com você

1 Observe a ilustração.

- Cores artificiais
- Esquema simplificado

a) Explique o motivo pelo qual Carlinhos consegue ver o vaso. Use, na sua resposta, as palavras que estão no desenho.

b) O que acontecerá se alguém apagar a luz? Por quê?

2 **O arco-íris se forma quando a luz solar atravessa as gotas de água suspensas no ar e se decompõe em suas várias cores.**

a) O que acontecerá com o arco-íris se uma nuvem escura encobrir a luz do Sol? Explique.

b) E se não houver gotas de água suspensas no ar? Explique.

Vamos investigar

A luz nos diferentes materiais

Será que a luz atravessa todos os materiais? Para responder a essa pergunta, vamos testar alguns objetos feitos de diferentes materiais para verificar como a luz age sobre eles.

Levantando hipóteses

1 **Será que todos os materiais permitem que a luz os atravesse?**

☐ Sim ☐ Não

2 **Podemos ver através de quais materiais?**

Material

- pedaços de papelão, papel vegetal e papel celofane de duas cores diferentes
- dois pedaços grandes de tecido: um grosso e um fino
- uma garrafa PET grande, transparente
- uma bacia de plástico grosso
- uma tampa de panela de alumínio
- dois copos de vidro: um vazio e outro com água
- um livro
- um espelho (não fixado em parede)
- uma porta de madeira (a da sala de aula ou de algum outro ambiente da escola)

ATENÇÃO: Faça com a ajuda de um adulto.

CUIDADO: Com o vidro e o espelho.

Como fazer

1. Forme dupla com um colega. Vocês vão olhar os diferentes objetos observando se é possível enxergar através deles. Ajude seu colega segurando os materiais próximos aos olhos dele (cerca de um palmo) e depois um pouco mais distante (cerca de dois passos).
2. Troque de lugar com seu colega. Ele fará o mesmo procedimento com você: será a sua vez de observar se é possível enxergar através dos objetos.

Beatriz Mayumi/Arquivo da editora

Observação

Registre os resultados no quadro assinalando com um **X**.

Material	Vejo o objeto	Vejo o objeto pouco nítido	Não vejo o objeto
Papelão			
Papel vegetal			
Papel celofane cor 1			
Papel celofane cor 2			
Tecido grosso			
Tecido fino			
Garrafa PET transparente			
Bacia de plástico			
Tampa de panela de alumínio			
Copo de vidro vazio			
Copo de vidro com água			
Livro			
Espelho			
Porta de madeira			

Conclusão

1. O experimento confirmou suas hipóteses iniciais?

....

....

2. A luz passa igualmente através de todos os materiais?

....

....

Vamos investigar

Ampliando suas descobertas

Alguns materiais permitem que a luz passe através deles; são os materiais **transparentes**. Como a luz atravessa esses materiais, podemos enxergar através deles.

Outros materiais permitem que a luz passe parcialmente através deles; são os materiais **translúcidos**. Como a luz só atravessa parcialmente esses materiais, podemos enxergar de maneira pouco nítida através deles.

Também existem materiais que impedem a passagem da luz; são os materiais **opacos**. Como a luz não passa por eles, não podemos enxergar através dos materiais opacos.

De acordo com as informações que você registrou no primeiro quadro e com os novos conhecimentos que foram apresentados, preencha este quadro:

Material	Transparente	Translúcido	Opaco
Papelão			
Papel vegetal			
Papel celofane cor 1			
Papel celofane cor 2			
Tecido grosso			
Tecido fino			
Garrafa PET transparente			
Bacia de plástico			
Tampa de panela de alumínio			
Copo de vidro vazio			
Copo de vidro com água			
Livro			
Espelho			
Porta			

Autoavaliação

Agora é hora de pensar sobre o que você experimentou e aprendeu. Marque um **X** na opção que melhor representa seu desempenho.

1. Entendo a necessidade da comunicação.			
2. Reconheço algumas formas de comunicação.			
3. Entendo como os sons são produzidos.			
4. Consigo verificar o que ocorre com a passagem da luz através de diferentes materiais.			

Sugestões

Para ler

Reprodução/Ciranda Cultural

- **À noite na floresta**, de Maurice Pledger. Editora Ciranda Cultural.

  Esse livro sonoro faz parte da coleção Sons da Selva. Ao manipular os cenários, você ouvirá os sons dos animais noturnos.

- **Capulana, um pano estampado de histórias**, de Mário Lemos e Heloisa Pires Lima. Editora Scipione.

  Uma história que mostra como a comunicação pode funcionar entre países distantes, com trocas tão ricas de culturas.

Para acessar

- http://barbatuques.com.br/pt/

  Os integrantes do grupo Barbatuques usam o corpo como instrumento musical. Que tal assistir a "Samba Lelê" com o Barbatuques? Veja no *site*: <www.youtube.com/watch?v=_Tz7KROhuAw>.

- www1.folha.uol.com.br/infograficos/2015/03/118886-bichos-que-falam.shtml

  "Bichos que falam" é um infográfico interativo que explica como alguns animais fazem para se comunicar.

  Acesso em: 17 abr. 2018.

UNIDADE

8 Por dentro da Terra

Nesta unidade você vai:

- Reconhecer o formato do planeta Terra.
- Diferenciar as camadas que compõem o planeta Terra.
- Identificar algumas características do planeta Terra.

Observe a imagem e converse com seus colegas:

1. Qual é o formato do planeta Terra?
2. Ao olharmos a paisagem da praia, conseguimos perceber qual é o formato do planeta Terra?
3. Por que em cada uma das imagens o planeta Terra parece ter um formato diferente?

Triff/Shutterstock

Felipe Carvalho Brito/Shutterstock

Como é o planeta Terra

Ao observar o céu a olho nu durante a noite, o que podemos ver? E durante o dia?

Olhar para o céu nos permite identificar o que existe no Universo além do planeta Terra, como as estrelas, incluindo o Sol, a Lua e os demais planetas.

Mas essas observações podem nos ajudar a saber mais sobre o planeta Terra?

Os seres humanos nem sempre souberam que a Terra tem formato arredondado. Muito tempo atrás, acreditava-se que a Terra fosse plana.

Porém, ao observar como os navios apareciam e desapareciam no horizonte, os navegantes começaram a perceber que a Terra não poderia ser plana, e sim curva.

Observe na imagem a seguir: quando um navio chega ao porto, ele vai aparecendo aos poucos, e a primeira parte a aparecer é a ponta do mastro. Se o planeta Terra fosse plano, a proa do navio apareceria por inteiro, e não somente a ponta.

A observação de navios chegando e partindo dos portos levou à conclusão de que a Terra não poderia ser plana, e sim arredondada.

• **Além do formato, cite outra característica do planeta Terra.**

As camadas do planeta Terra

O planeta Terra é formado por muitas camadas. A camada mais externa é chamada **crosta**. Nós todos vivemos na superfície dessa crosta terrestre.

Parte da superfície da crosta terrestre é coberta por água e rodeada por gases.

Abaixo da crosta terrestre existe uma grossa camada chamada **manto**. E mais próximo do centro do planeta está o **núcleo**.

• Cores artificiais
• Esquema simplificado

Modelo da estrutura da Terra

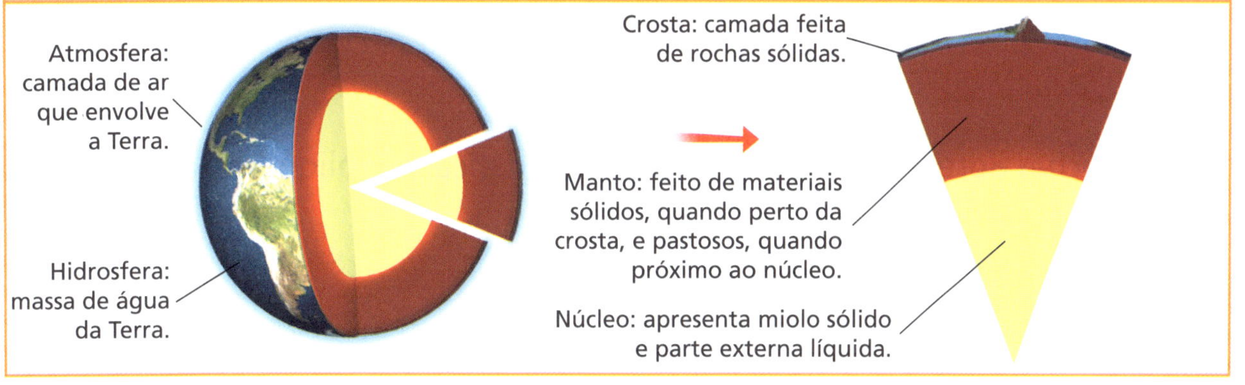

Ilustrações: Dawidson França/Arquivo da editora

Elaborado com base em: PRESS, F. et al. **Para entender a Terra**. Porto Alegre: Bookman, 2006.

Crosta terrestre

A crosta terrestre é formada por rochas e chega a ter cerca de 70 quilômetros de espessura. Na superfície da crosta terrestre, onde vivemos, é possível visualizar as rochas que compõem essa camada do planeta Terra.

Porém, na maioria das vezes, a superfície da crosta terrestre é coberta por uma fina camada chamada **solo**.

Superfície da crosta terrestre na qual é possível observar as rochas que a compõem.

Claus Sonne/Cultura RM/Diomedia

Vamos investigar

As rochas são diferentes?

A crosta terrestre é formada por diferentes tipos de rocha. Nesta atividade, vamos comparar algumas delas.

Levantando hipóteses

O professor vai disponibilizar algumas rochas para o seu grupo. Observe-as e responda às perguntas.

1. As rochas apresentam as mesmas características? Explique.

....

....

2. É possível ver diferentes partes em uma mesma rocha?

....

....

3. Será que elas têm a mesma dureza ou algumas são mais duras que outras?

....

....

Material

- quatro amostras de rochas diferentes
- clipes de metal
- lupa

Beatriz Mayumi/ Arquivo da editora

Como fazer

1. Observe as características das rochas a olho nu: as cores, a forma e a textura. Anote suas observações no quadro da página seguinte.
2. Com a lupa, aprimore suas observações. Talvez o aumento revele outras características que você não percebeu a olho nu. Anote suas observações no quadro.

3. Para testar a dureza das rochas, raspe cada rocha com o clipe de metal. Anote suas observações no quadro a seguir.

Características das rochas				
Rocha	A olho nu	Com a lupa	Dureza	Observações
1				
2				
3				
4				

Conclusão

1 Você acha que alguma das rochas consegue riscar uma das outras três?

2 Com a ajuda do professor, teste uma por uma. O que você observou?

Manto

O manto é uma camada de 3 mil quilômetros de espessura. A parte superior do manto é sólida e a parte mais próxima do núcleo é de um material pastoso chamado **magma**.

Os vulcões são aberturas na crosta terrestre pelas quais o magma pode chegar à superfície da Terra. Quando chega à superfície, o magma passa a ser chamado de **lava**.

Estrutura de um vulcão

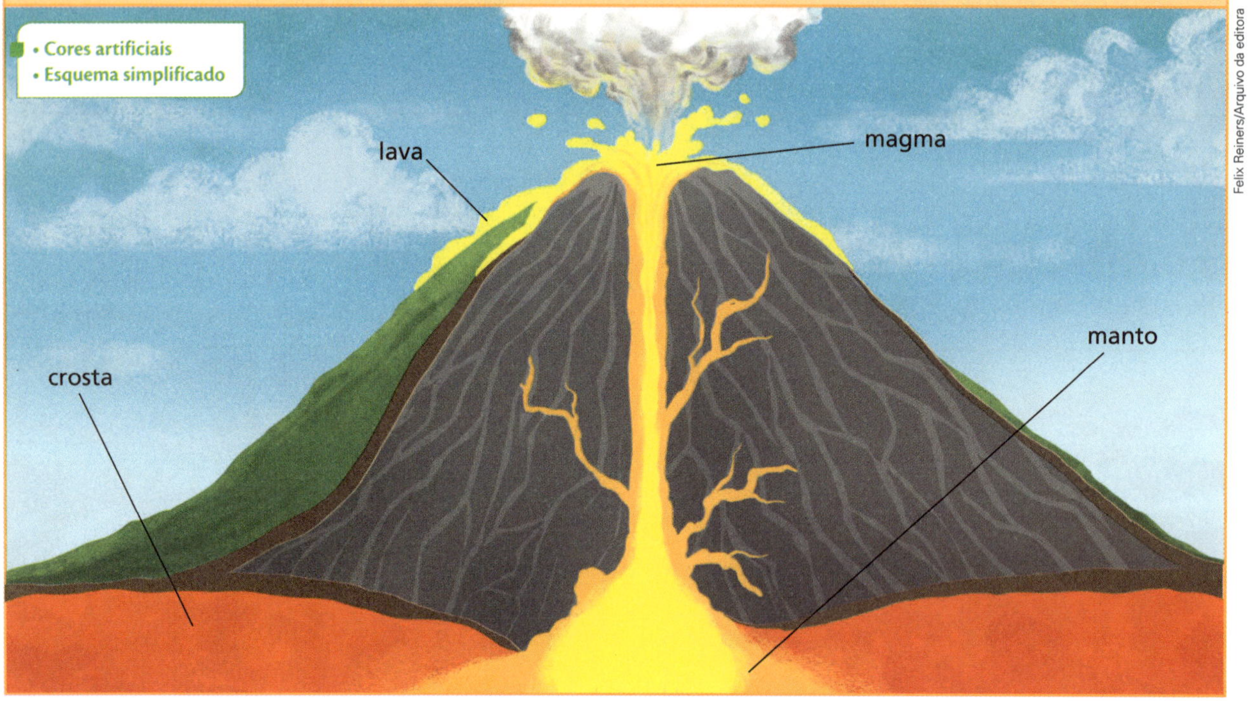

Ilustração esquemática de um vulcão.

Núcleo

A camada mais interna da Terra é o núcleo, formado principalmente por metais como o ferro e o níquel.

Estudos científicos indicam que o núcleo pode ser dividido em duas partes: o núcleo externo, composto de material líquido, e o núcleo interno, formado por material sólido.

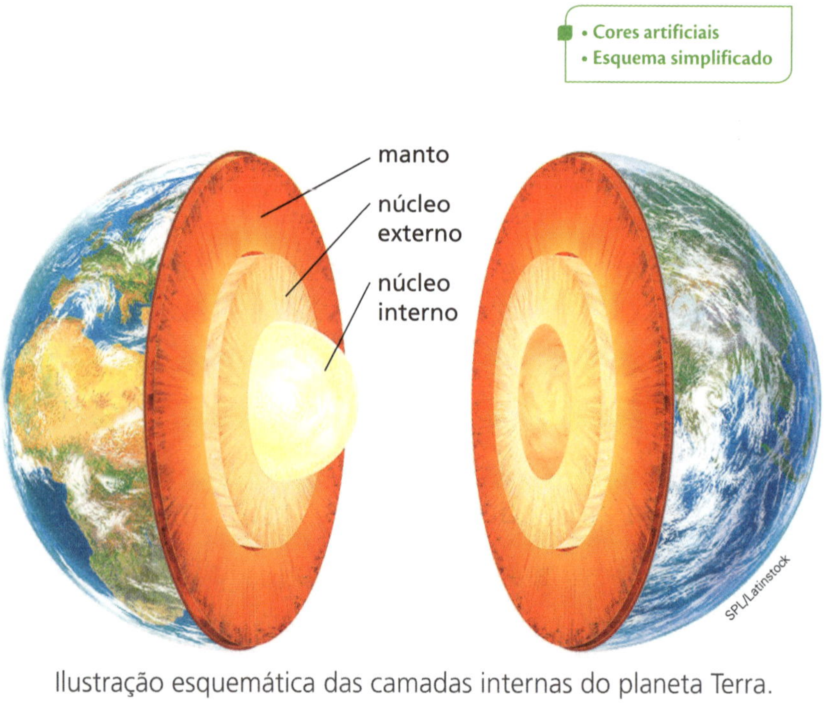

Ilustração esquemática das camadas internas do planeta Terra.

Hidrosfera

Chamamos **hidrosfera** o conjunto de toda a água presente na crosta terrestre. A água está presente nos oceanos, nos rios, nos lagos, no subsolo, nas geleiras e na atmosfera.

jean-luc cochonneau/Alamy/Diomedia

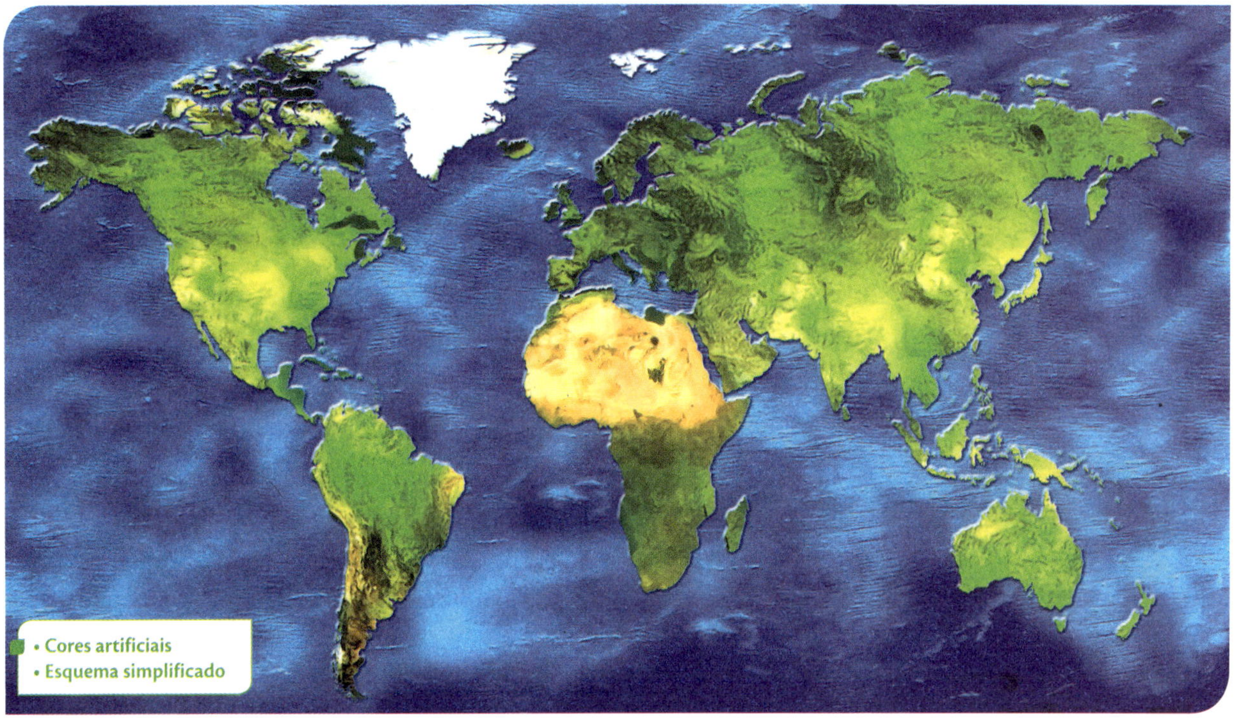

Representação plana do globo terrestre, na qual verificamos que grande parte da superfície do planeta é coberta por água.

Atmosfera

A camada de gases que envolve o planeta Terra forma a **atmosfera**.

Os seres vivos dependem do ar dessa camada de gases, que são essenciais à manutenção da vida, como o gás oxigênio.

A atmosfera é a camada de gases que envolve o planeta Terra.

Vieriu Adrian/Shutterstock

Agora é com você

1 **As rochas são recursos naturais explorados para inúmeras finalidades.**

- Pedras preciosas possuem características de brilho e de cor que as tornam ideais para a joalheria, principalmente depois de lapidadas.
- Pedras usadas para revestimento de pisos e paredes são rochas que podem ser cortadas em lâminas.
- Certas rochas chamadas minérios contêm metais, como o ferro e o alumínio, que podem ser extraídos pela indústria metalúrgica.

Observe as imagens abaixo.

• Elementos não proporcionais entre si

Fabio Colombini/Acervo do fotógrafo

Granitos.

Fabio Colombini/Acervo do fotógrafo

Minério de ferro.

Fabio Colombini/Acervo do fotógrafo

Mármore.

Fabio Colombini/Acervo do fotógrafo

Topázio.

Bjoern Wylezich/Shutterstock

Minério de alumínio.

Fabio Colombini/Acervo do fotógrafo

Esmeralda.

Agora, responda às perguntas:

a) Quais dessas rochas são comuns em anéis?

b) Os dois minérios são usados para obter quais metais?

c) Quais dessas rochas são usadas para construir, por exemplo, uma bancada de cozinha?

2 **Encontre no diagrama abaixo as palavras que correspondem a cada item.**

A	R	D	C	O	E	A	R	H	B	P	Q	H
T	I	F	R	V	N	W	D	O	U	I	F	I
M	B	E	O	H	Ú	P	F	E	C	R	O	D
O	H	W	S	J	C	Y	H	D	I	N	C	R
S	I	H	T	T	L	K	Q	M	A	N	T	O
F	R	Q	A	O	E	A	E	D	F	I	O	S
E	R	S	D	F	O	Z	H	U	L	B	A	F
R	I	I	T	A	N	I	V	R	C	E	N	E
A	B	L	R	Q	H	I	M	Q	L	A	U	R
C	A	I	B	R	I	T	E	T	O	U	N	A

- Camada de ar que envolve a Terra.
- Camada formada de rochas sólidas.
- Apresenta uma parte sólida e uma parte líquida.
- Constitui toda a água do planeta Terra.
- Parte do planeta com materiais pastosos.

3 **De que é constituída a atmosfera que envolve a Terra?**

Agora é com você

4 A hidrosfera corresponde a toda a massa de água da Terra. Onde essa água é encontrada?

....

5 Os vulcões são aberturas na crosta terrestre de onde sai um material muito quente e pastoso chamado lava. De onde vem a lava?

....

....

6 Cite um motivo que explique a importância da atmosfera para a vida dos seres humanos.

....

....

7 A lava dos vulcões é extremamente quente. Pensando na lava, o que podemos concluir em relação à temperatura no interior da Terra?

....

....

www.sandatlas.org/Shutterstock

A lava é um material quente de cor avermelhada.

O movimento da crosta terrestre

Há indícios de que cerca de 200 milhões de anos atrás o planeta Terra apresentava um único continente que chamamos **Pangeia**.

Com o passar do tempo, a Pangeia se separou em blocos, dando origem aos continentes, que se deslocaram até sua posição atual. Esse deslocamento lento foi chamado "deriva dos continentes".

Deriva dos continentes

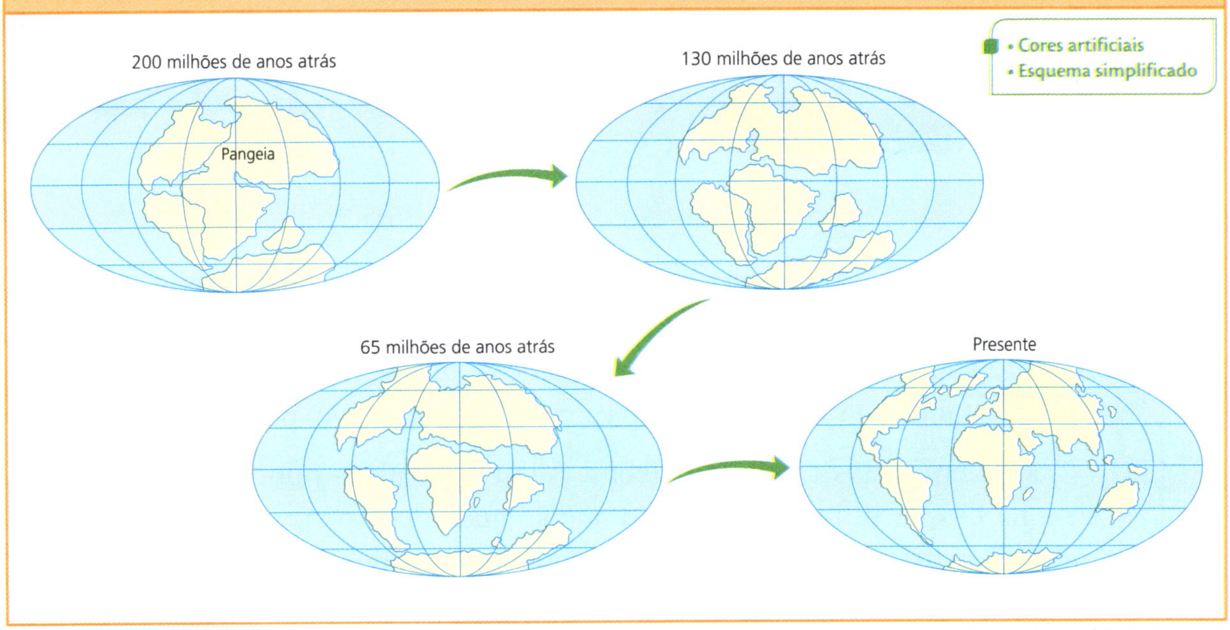

Studio Caparroz/Arquivo da editora

Fonte: IBGE. **Atlas geográfico escolar**. 7. ed. Rio de Janeiro: IBGE, 2016. p. 12.

Até hoje os continentes continuam se movimentando, porque a crosta terrestre e a parte superior do manto são feitas de placas que se movem. Essas placas são chamadas **placas tectônicas** e se deslocam de 1 centímetro a 10 centímetros por ano.

O movimento das placas tectônicas pode fazer com que elas se choquem, causando terremotos e *tsunamis*.

Terremotos são tremores passageiros de terra que ocorrem com o deslocamento e o choque das placas tectônicas.

A maior parte dos terremotos ocorre em países que ficam nas bordas das placas tectônicas.

O Brasil não está sujeito a tremores de terra de grande intensidade, pois se localiza no centro de uma placa tectônica, na América do Sul.

Quando os terremotos ocorrem nos oceanos, eles geram uma onda gigante, chamada *tsunami*, que pode avançar até o continente.

- Cores artificiais
- Esquema simplificado
- Elementos não proporcionais entre si

Ilustração esquemática da formação de um *tsunami*.

Julio Dian/Arquivo da editora

Vamos falar sobre...

Os vulcões

> [...] Os vulcões – aquelas montanhas famosas, que cospem lava e fumaça – se formam em áreas onde a crosta terrestre é instável. São regiões de atrito entre duas ou mais placas tectônicas, que se movem constantemente, gerando não só montanhas e vulcões, como também os terremotos.
>
> Existem vários tipos de vulcões. Alguns possuem poucos gases e suas rochas derretidas escoam como as águas de um rio. Outros são [..] explosivos, com muitos gases tóxicos e capazes de provocar grandes estragos quando entram em erupção.
>
> Desde o início da história de nosso planeta, os vulcões sempre estiveram presentes, moldando e transformando a superfície terrestre. Eles foram responsáveis por alguns eventos de extinção de animais e plantas. Isso sem falar nos vulcões próximos a cidades, que sempre foram motivos de preocupação.
>
> [...]
>
> CARVALHO, Ismar de Souza. **Ciência Hoje das Crianças**. Disponível em: <http://chc.org.br/pum-de-ouro-e-o-cheiro-dos-vulcoes/>. Acesso em: 18 abr. 2018.

- **Faça uma pesquisa sobre as cidades que sofrem ou que sofreram com a ocorrência dos vulcões. Depois, converse com seus colegas sobre o que pode ser feito para evitar que a ocorrência natural dos vulcões prejudique a vida das pessoas e as cidades.**

Agora é com você

1 Observe as fotografias de lagoas de águas quentes e responda às questões.

Dave Porter/Alamy/Fotoarena

Lagoa Azul, na Islândia, em 2017.

Munique Bassoli/Pulsar Imagens

Lagoa Santa, em Goiás, em 2017.

a) Que diferenças você nota entre as duas imagens?

b) Como é possível que em um país de clima frio, como a Islândia, exista uma lagoa de águas quentes?

Agora é com você

2 **Observe as fotografias e marque um X nos acontecimentos relacionados aos movimentos das placas tectônicas.**

Aurora Photos RM/Diomedia

Consequências de um terremoto em Sichuan, China, em 2009.

Mafalda Press/Folhapress

Inundação da cidade de Lages, Santa Catarina, em 2017.

Science Source/Diomedia

Tornado em Kansas, Estados Unidos, em 2008.

Science Source/Diomedia

Erupção do vulcão Arenal, na Costa Rica, em 2009.

3 **Observe o mapa abaixo. Ele mostra três tipos de rocha que ocorrem tanto na América do Sul como na África.**

- A localização desses tipos de rocha na América do Sul e na África ajuda a confirmar ou a negar a teoria da deriva dos continentes? Por quê?

Continentes – Tipos de rocha

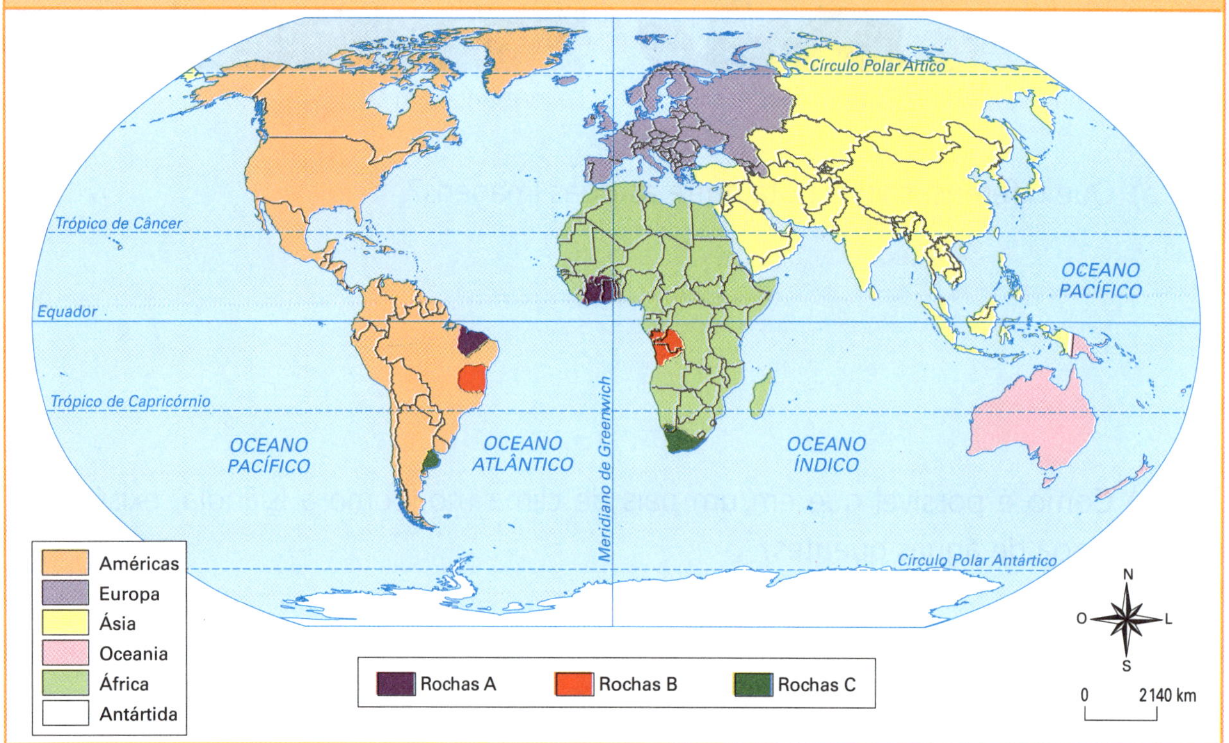

Banco de imagens/Arquivo da editora

Fonte: IBGE. **Atlas geográfico escolar**. 4. ed. Rio de Janeiro: IBGE, 2007; MORAES, Paulo Roberto; ENS, Hendrick Herman. **A história da Terra**. São Paulo: Harbra, 1997.

Autoavaliação

Agora é hora de pensar sobre o que você experimentou e aprendeu. Marque um **X** na opção que melhor representa seu desempenho.

1. Reconheço o formato do planeta Terra.			
2. Diferencio as camadas que compõem o planeta Terra.			
3. Identifico algumas características do planeta Terra.			

Sugestões

Para ler

- **Geologia em pequenos passos**, de François Michel. Editora Nacional.
  Ao estudar as rochas que constituem a crosta terrestre, a Geologia responde a muitas perguntas e explica a história e a estrutura da Terra.
- **Passeio por dentro da Terra**, de Samuel Murgel Branco. Editora Moderna.
  Essa história conta como surgem montanhas, vales, mares, dunas e ilhas vulcânicas e como ocorre o deslocamento dos continentes.

Para assistir

- **Viagem ao centro da Terra**. Estúdio e distribuição PlayArte, 2008.
  História de ficção científica sobre uma fantástica jornada ao núcleo da Terra.

Para acessar

- http://chc.cienciahoje.uol.com.br/julio-verne-um-escritor-apaixonado-pela-ciencia/
  Descubra mais sobre ficção científica, Júlio Verne e seus livros fantásticos.
- http://chc.cienciahoje.uol.com.br/viagem-ao-centro-da-terra/
  Entenda como os geólogos estudam o manto e o núcleo da Terra.

Acesso em: 18 abr. 2018.

UNIDADE 9

O solo

Nesta unidade você vai:

- Entender como se forma o solo.
- Conhecer os componentes do solo.
- Identificar os diferentes usos do solo.
- Reconhecer a importância do solo para a agricultura e para a vida.

Observe a imagem e converse com seus colegas:

1. Você consegue identificar o solo na imagem?
2. Ele está em toda a imagem ou somente em parte dela?
3. Como esse solo está sendo utilizado?

Rodolpho Machado/Opção Brasil Imagens

Vista do Mirante, Barra do Gramame, João Pessoa, Paraíba, em 2016.

Como se formou o solo?

Você já parou para pensar sobre o que é o solo? Antes de entendermos o que é o solo, precisamos entender como ele foi formado.

A crosta terrestre é a camada mais externa do planeta, composta principalmente por rochas. Ao longo de centenas de milhares de anos, as rochas expostas foram sofrendo várias modificações, sendo desgastadas aos poucos pela ação da chuva, da temperatura, dos animais e das plantas. Esse processo resultou na formação do solo.

Assim, de maneira simplificada, podemos dizer que os solos se originaram do desgaste natural das rochas.

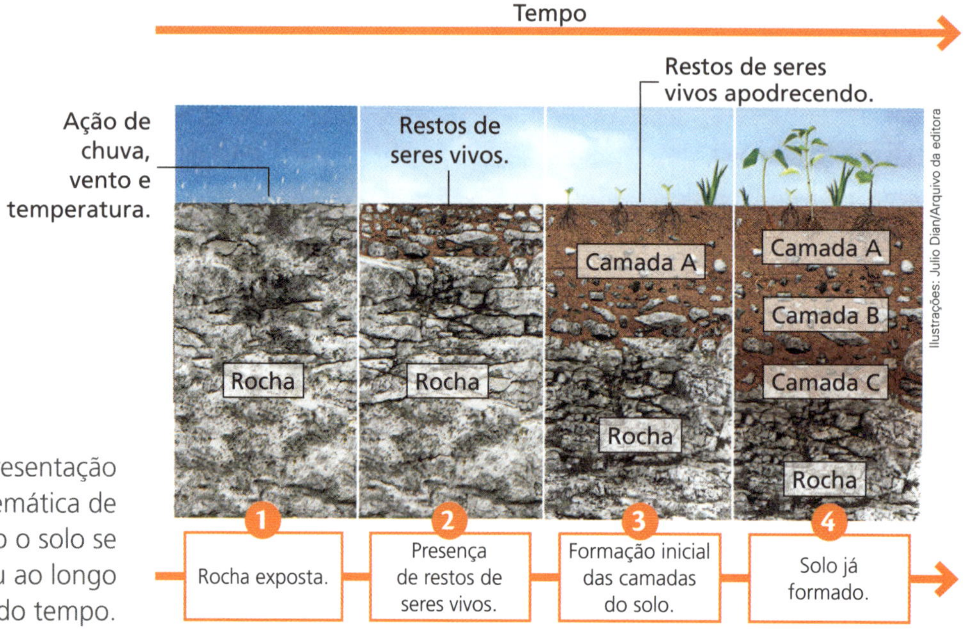

Representação esquemática de como o solo se formou ao longo do tempo.

• Cores artificiais
• Esquema simplificado

Representação esquemática das diversas camadas do solo.

Húmus: restos de plantas e de animais mortos que se decompuseram sobre alguns tipos de solo. É muito nutritivo para as plantas novas que crescerão no local.

Vamos investigar

Do que os solos são formados?

Beatriz Mayumi/Arquivo da editora

Você já brincou com a areia da praia? E com a terra do quintal? Se sim, você certamente já reparou que elas são diferentes, não é? Na composição dos solos em geral, existe areia, que você já conhece, e também argila, material presente no barro, além de húmus, que vem de restos de plantas e animais. Dependendo do tipo de solo, a proporção desses materiais muda. Vamos investigar nesta atividade alguns componentes que formam os solos?

Levantando hipóteses

O professor vai dividir a classe em grupos. Antes de observarem as diferentes amostras de solo, respondam às perguntas.

1 **Que componentes vocês acham que formam o solo?**

2 **Vocês acham que a quantidade de cada componente determina diferenças entre eles?**

Material

- três diferentes amostras de solo: argila, areia e terra de jardim
- três etiquetas para identificação das amostras
- caneta
- luvas descartáveis ou saquinhos plásticos para servirem de luva
- pratos de plástico
- lupa

Como fazer

1. Usem as etiquetas para identificar as amostras. Escrevam de onde elas vieram e as numerem de 1 a 3.
2. Usem as luvas ou os saquinhos para proteger as mãos.
3. Em um dos pratos coloquem a amostra 1, no outro, a amostra 2 e no último, a amostra 3.
4. Observem cada uma das amostras com a lupa e preencham os quadros da página seguinte.

Vamos investigar

Observação

1 Preencham o quadro a seguir com os solos que vocês identificaram em cada amostra.

	Componentes
Amostra 1	
Amostra 2	
Amostra 3	

2 O quadro a seguir apresenta algumas características que devem ser observadas nas amostras. Preencham-no com suas observações.

	Amostra 1	Amostra 2	Amostra 3
Cor			
Textura			
Cheiro			
Presença de folhas e restos de animais			
Tamanho dos grãos			

3 Qual das amostras apresentou maior quantidade de grãos maiores? E de grãos menores?

....

....

4 Relacionem a resposta da pergunta anterior com a textura das amostras.

5 Qual das amostras vocês acham que seria adequada para plantar uma muda? Por quê?

Conclusão

1 A quantidade de cada um dos componentes do solo determina diferenças entre eles? Deem um exemplo.

2 Relembrem o que foi visto sobre a formação dos solos e respondam:

a) As amostras foram tiradas de que camada do solo?

b) Se elas foram tiradas da mesma camada, por que são diferentes?

Os solos são todos iguais?

Agora que já vimos como o solo é formado, você acha que qualquer tipo de chão em que você pisa pode ser chamado de solo?

Observe nas fotos a seguir diferentes exemplos de solo.

Thinkstock/Getty Images

Em muitas regiões, o solo do fundo do mar é arenoso, com pedaços de rochas.

Thinkstock/Getty Images

O solo das plantações deve ser rico em húmus, o que contribui para o crescimento das plantas.

Thinkstock/Getty Images

O solo de algumas regiões secas é formado principalmente por argila.

Thinkstock/Getty Images

O solo dos desertos é arenoso.

Thinkstock/Getty Images

A camada superficial do solo das florestas é rica em nutrientes.

João Prudente/Opção Brasil Imagens

Nas cidades, algumas porções de solo estão cobertas de asfalto. Itapira, São Paulo, 2016.

Observando as fotos, notamos que nas cidades o solo pode ser coberto por asfalto. Assim, o chão em que você pisa nem sempre pode ser chamado solo.

JK Jeffrey/Shutterstock

O solo pode ser revestido por asfalto, por exemplo.

Tipos de solo

O solo pode ser classificado de muitas maneiras, dependendo da característica que consideramos. Se considerarmos a textura, podemos ter solo muito argiloso, arenoso, entre outros. Um solo muito argiloso, por exemplo, apresenta grande quantidade de grãos de argila e, em menor quantidade, grãos de areia.

A quantidade de cada tipo de grão (areia e argila) no solo também influencia a **permeabilidade** que cada solo vai apresentar.

Permeabilidade: capacidade de um material deixar passar um líquido através dele. Um solo permeável é aquele que permite que a água passe por ele.

nito/Shutterstock

Grãos de areia.

schankz/Shutterstock

Grãos de argila.

Vamos aprender um pouco mais sobre a permeabilidade dos tipos de solo fazendo o experimento a seguir.

Vamos investigar

Observando a permeabilidade dos solos

Entre as partículas do solo há pequenos espaços por onde a água pode passar. Mas será que a passagem da água ocorre da mesma maneira em todos os tipos de solo?

Levantando hipóteses

O professor vai dividir a classe em grupos, mas, antes de iniciar o experimento, respondam à pergunta:

- **Em qual tipo de solo vocês acham que a água infiltra mais facilmente: solo arenoso ou argiloso? Ou será que a água se infiltra melhor na terra de jardim?**

Material

- três copos descartáveis com furos feitos pelo professor na parte inferior
- três copos descartáveis sem furos
- um pouco de terra argilosa
- um pouco de terra arenosa
- um pouco de terra de jardim
- água

Como fazer

1. Coloquem um tipo diferente de solo em cada copo descartável com furos, como indicado na ilustração ao lado.
2. Observem atentamente a demonstração do professor, que começará colocando água no copo com a terra arenosa, e vai recolhê-la em um dos copos sem furos.

Terra arenosa. Terra argilosa. Terra de jardim.

3. Ajudem a contar 30 segundos assim que o professor acabar de despejar toda a água e observem. Em seguida, o professor repetirá o experimento com a terra argilosa e com a terra de jardim.

Observação

1. Em qual das amostras a água começou a pingar antes? Por quê?

2. Em qual das amostras a água começou a pingar depois? Por quê?

3. Qual das três amostras armazena mais água? Por quê?

Conclusão

1. A hipótese inicial do grupo foi confirmada?

2. Vocês conseguem explicar os resultados?

3. Os cactos são plantas que não sobrevivem se houver muita água. Para eles, é melhor um solo com mais areia ou com mais argila?

4. Quando chove, o que acontece com a água que cai sobre o asfalto?

Agora é com você

1 Nas imagens abaixo estão apresentados alguns dos habitantes mais comuns do solo. Relacione cada animal com a descrição de sua aparência e de seu ambiente.

Thinkstock/Getty Images

Minhoca. Tamanho médio: 10 cm.

Thinkstock/Getty Images

Saúva. Tamanho médio: 1 cm.

Thinkstock/Getty Images

Tatuzinho-de-quintal. Tamanho médio: 1,5 cm.

Thinkstock/Getty Images

Toupeira. Tamanho médio: 50 cm.

Thinkstock/Getty Images

Caracol de jardim. Tamanho médio: 2 cm.

a) Vive em sociedade na qual cada tipo de indivíduo tem sua função. As operárias cortam folhas e levam para o ninho. Sobre as folhas cresce um fungo que é o seu alimento.

b) Locomove-se lentamente à procura de folhas para comer. Quando o tempo fica muito seco, ele fecha a entrada da concha e ali fica até chover.

c) Quando incomodado, esse animal se enrola. Quando fica muito tempo sem chover, ele também se enrola para se proteger da perda de água. Alimenta-se de restos de plantas.

d) Vive em galerias, que cava enquanto come terra com restos de plantas. Deposita fezes na superfície, que a água da chuva carrega para dentro do solo.

e) Vive em galerias que cava com suas garras longas e fortes. Tem os olhos e as narinas cobertos de pele.

2 O solo da Floresta Amazônica tem grande quantidade de húmus. A produção de húmus não cessa, porque as folhas, os frutos e as sementes estão sempre caindo e se decompondo. Além disso, os animais da mata eliminam no solo fezes e urina. E, quando eles morrem, o corpo deles também se decompõe no solo.

Thinkstock/Getty Images

Cutia (tamanho médio: 50 cm) no chão da floresta, entre folhas, procurando frutos. A decomposição dessa matéria orgânica mantém a fertilidade do solo.

- Se a floresta for derrubada, o que acontecerá com essa camada de folhas que recobre o solo e com os animais que vivem entre as folhas e dentro do solo?

....

....

....

3 Leia um trecho do documento elaborado pela Prefeitura de São Paulo. Depois, responda à pergunta.

Enchentes

A cada verão repete-se o fenômeno das enchentes em São Paulo. Todos ficam muito desgostosos com os rios e córregos e aumentam as solicitações para canalização, piscinões e outras obras de contenção das águas [...][.] Mas [...] até 90% das águas das chuvas poderiam ser retidas pelo solo. Ocorre que devastamos a cobertura vegetal da cidade e impermeabilizamos a maior parte do solo.

Quando chove, a água não encontra solo permeável para penetrar e corre para os rios, que, por sua vez, não suportam a carga e transbordam.

PREFEITURA da Cidade de São Paulo. **Caderno das águas**. Disponível em: <www.prefeitura.sp.gov.br/cidade/secretarias/upload/guia_aguas_1253304123.pdf>. Acesso em: 18 abr. 2018.

- Qual é a principal causa das enchentes no município de São Paulo?

....

....

....

Como usamos o solo

Observe as imagens a seguir, que mostram alguns usos do solo, e converse com os colegas.

1

G. Evangelista/Opção Brasil Imagens

2

Thinkstock/Getty Images

3

Thinkstock/Getty Images

4

Thinkstock/Getty Images

1. Quais usos do solo você reconhece nas imagens?
2. Quais desses usos podem prejudicar o solo?
3. Quais desses usos tornam difícil a recuperação do solo?

O solo está presente em nossa vida. Usamos o solo para construções de todo tipo, como nossa casa e escola. Usamos sua superfície para nos locomover e o perfuramos para a construção de túneis.

Mas é longe das cidades que o uso do solo se torna essencial. Sem ele não é possível plantar vegetais, que servem de alimento tanto para nós como para os animais que criamos.

Agricultura

No solo cultivamos, além das hortaliças e frutas que servem de alimento, outras plantas que usamos para extrair fibras, corantes, essências, madeira, etc.

O trabalho agrícola tem várias etapas: arar, adubar e irrigar o solo, controlar os insetos invasores e, finalmente, fazer a colheita.

Estima-se que, no Brasil, 70% dos alimentos que chegam à mesa sejam cultivados por pequenos produtores, ou seja, por famílias que têm uma relação particular com a terra, que é seu local de trabalho e moradia.

Gerson Gerloff/Pulsar Imagens

As máquinas, como o trator, ajudam o agricultor no preparo do solo para o plantio de repolhos em Santa Maria, no estado do Rio Grande do Sul, em 2015.

Chico Ferreira/Pulsar Imagens

Quanto maior a diversidade de hortaliças cultivadas, maiores são as chances de manter a qualidade do solo. Plantação de hortaliças orgânicas em Paulo Lopes, no estado de Santa Catarina, em 2016.

Exploração de minérios

A areia e as pedras são minerais extraídos do solo e podem ser utilizadas nas construções. Já o solo argiloso, por exemplo, é usado na produção de tijolos, telhas e cerâmicas.

Extração de areia e cascalho às margens do rio Xingu. Altamira, Pará, 2017.

Produção de tijolos artesanais com barro rico em argila. Ouro Fino, Minas Gerais, 2016.

Os minérios são minerais de uso econômico extraídos do subsolo, ou seja, das camadas mais profundas do solo. Metais, como ferro, alumínio, cobre e ouro, são retirados do solo por mineradoras e utilizados para a fabricação de muitos objetos.

Mineração de ouro. Poconé, Mato Grosso, 2017.

Pedreira em Barueri, São Paulo, 2017.

Agora é com você

1 Observe as imagens. Elas mostram duas áreas desmatadas. Na primeira, as árvores foram queimadas. Na segunda, elas foram derrubadas.

Andre Dib/Pulsar Imagens

Área de floresta queimada.
Mâncio Lima, Acre, 2017.

Bruno Kelly/Reuters/Latinstock

Derrubada e exploração ilegal de madeira.
Apuí, Amazonas, 2017.

a) Qual das ações deve ter sido feita por uma madeireira? Por quê?

b) Para que atividade possivelmente vai ser usada a área queimada?

c) Qual ou quais ações expõe(m) o solo à ação da chuva: a derrubada ou a queimada?

d) Qual das duas ações mata grande parte dos seres vivos que vivem no solo?

Agora é com você

2 Em regiões sem esgoto e com poucas instalações sanitárias, as pessoas muitas vezes eliminam suas fezes diretamente no chão. As fezes de pessoas com vermes podem contaminar o solo e a água com ovos e larvas desses vermes. Esses ovos e larvas, por sua vez, podem contaminar as verduras que comemos, se elas forem regadas com essa água suja.

Luciana Whitaker/Pulsar Imagens

Rio Faria-Timbó, no qual é lançado o esgoto da comunidade McLaren. Rio de Janeiro, Rio de Janeiro, 2017.

- Que cuidados você deve ter em uma região como essa?

Vamos falar sobre...

Educação ambiental

A extração de minérios é muito importante para a fabricação de inúmeros objetos e máquinas que são muito utilizadas no dia a dia. No entanto, como a mineração ocorre geralmente longe das cidades, pouco sabemos sobre os grandes impactos que ela causa no meio ambiente.

O primeiro deles é a perda do solo, já que ele é totalmente extraído, deixando uma "cicatriz" (cratera) enorme na paisagem.

Outro impacto bastante negativo é a geração de quantidades enormes de resíduos, ou seja, para extrair determinado minério descarta-se uma quantidade enorme de material que não é aproveitada. A mineração também consome quantidades enormes de água e é uma das atividades que mais geram poluição em rios e lagos.

- **Você acha que consumir de maneira consciente pode contribuir para a redução dos impactos ambientais causados pela mineração? Por quê? E a reciclagem de material, pode contribuir para essa redução?**

Autoavaliação

Agora é hora de pensar sobre o que você experimentou e aprendeu. Marque um **X** na opção que melhor representa seu desempenho.

1. Entendo como se forma o solo.			
2. Conheço os componentes do solo.			
3. Identifico os diferentes usos do solo.			
4. Reconheço a importância do solo para a agricultura e para a vida.			

Sugestões

Para ler

- **A vida da formiga,** de Francisco Martins Garcia. Editora Nova Espiral.
  As formigas têm fama de nocivas; no entanto, são poucas as que atacam plantações e não se conhece nenhuma espécie que transmita doenças. Aprenda mais sobre as formigas nesse livro de linguagem simples e com muitas imagens.
- **Explorando o solo,** de Kate Petty. Editora Callis.
  Nesse livro, Bruno, seu cachorro Ralf e o leitor descobrem mistérios do mundo, tendo a oportunidade de conhecer mais a respeito do solo.
- **O solo e a vida,** de Rosicler Martins Rodrigues. Editora Moderna.
  O livro apresenta a importância do solo e das rochas em nossa vida e a necessidade de preservar esse recurso natural.

Para assistir

- **As saúvas: uma sociedade de formigas.**
  Disponível em: <http://vimeo.com/7646464>.
  Por meio da organização das saúvas, veja que tipos de formiga existem dentro de um formigueiro, como trabalham e como se organizam.

Para acessar

- http://chc.cienciahoje.uol.com.br/solos-brasileiros/
  Acesse o *site* para conhecer os principais solos do país.
  Acesso em: 18 abr. 2018.

Lixo espacial

No decorrer da História, vários objetos construídos pelos seres humanos permitiram a exploração do espaço: lunetas, telescópios, satélites, naves, foguetes e até estações espaciais.

Atualmente, grande parte dos seres humanos depende das informações obtidas pelos satélites. Os satélites são veículos espaciais construídos com várias finalidades, entre elas a telecomunicação: o GPS, a internet e a TV a cabo só funcionam por causa dos satélites!

Porém, a vida útil de um satélite é de cerca de dez anos e, quando deixam de funcionar, esses satélites ficam vagando pelo espaço, formando o lixo espacial. Além dos satélites, partes de foguetes e naves ou mesmo ferramentas e utensílios usados por astronautas compõem o lixo espacial.

A princípio, poderíamos pensar que não haveria problema jogar lixo no espaço. No entanto, não é bem assim. Os detritos espaciais não vão para longe – eles ficam circulando em volta da Terra, congestionando sua órbita. E é aí que está o problema.

Nos últimos anos, o lixo espacial se tornou um problema por representar perigo de colisão com satélites que ainda estão funcionando e dos quais dependemos, o que provoca inúmeros prejuízos. Além disso, é uma ameaça ao trabalho de astronautas que realizam atividades fora das naves ou estações espaciais. Felizmente, a chance de o lixo espacial cair na Terra é pequena devido à presença da atmosfera, que funciona como uma espécie de escudo e protege o planeta de fragmentos que poderiam cair aqui.

robodread/Shutterstock

LIXO ESPACIAL

Cada vez mais satélites desativados e pedaços deles estão em volta da Terra.

13 mil satélites estão em órbita atualmente.

3,5 mil deles, no máximo, ainda estão funcionando.

22 mil detritos maiores do que uma bola de tênis orbitam a Terra.

2 mil pedaços a mais foram acrescentados na órbita do planeta desde a colisão entre dois satélites em 2009.

3 mil outros pedaços passaram a orbitar a Terra desde que a China destruiu um de seus satélites para testar um míssil, em 2007.

A preocupação com o aumento da quantidade de lixo espacial e com os prejuízos causados por acidentes com satélites em funcionamento tem levado cientistas e agências espaciais a procurarem maneiras de retirá-los de órbita. Uma proposta feita por pesquisadores japoneses foi a construção de uma nave dotada de uma rede, que "pescaria" os detritos. Mas a tentativa não deu o resultado esperado. Outras ideias incluem usar *laser* para destruir essas peças. Uma empresa suíça chegou a divulgar o desenvolvimento de um "satélite zelador" para fazer uma faxina nos céus.

Apesar das tentativas e do consenso sobre a urgência de a questão do lixo espacial ser resolvida, ainda é necessário que muito dinheiro seja investido e muita pesquisa seja feita, para que a faxina espacial seja realmente possível.

Fonte: JULIÃO, André. A ameaça do lixo espacial. Revista **IstoÉ**. Disponível em: <http://istoe.com.br/196957_A+AMEACA+DO+LIXO+ESPACIAL>. Acesso em: 19 abr. 2018.

1 **Observe a figura da página anterior que mostra o lixo espacial.**

a) Como ele fica disposto em relação à Terra?

b) Por que essa disposição é problemática?

2 **O que há em comum entre os problemas relacionados ao lixo espacial e o "lixo terrestre", ou seja, aquele que fica aqui na Terra?**

3 **Leia a tirinha.**

© Chicolan/Instituto Menino Caranguejo

- De acordo com a tirinha, o que pode acontecer com o lixo espacial? Isso pode oferecer risco à vida das pessoas aqui na Terra? Converse com seus colegas.

BIBLIOGRAFIA

ANGELIS, Rebeca Carlota de. *Importância de alimentos vegetais na proteção da saúde*. São Paulo: Atheneu, 2001.

BARNES, Robert D.; RUPPERT, Edward E. *Zoologia dos invertebrados*. 7. ed. São Paulo: Roca, 2005.

BORGES, Roberto Cabral. *Serpentes peçonhentas brasileiras*. Rio de Janeiro: Atheneu, 1999.

BRASIL. Ministério da Educação. *Base Nacional Comum Curricular*. Brasília, 2017. Disponível em: <http://basenacionalcomum.mec.gov.br/wp-content/uploads/2018/04/BNCC_19mar2018_versaofinal.pdf>. Acesso em: 12 abr. 2018.

_________. Secretaria de Educação Fundamental. *Parâmetros Curriculares Nacionais*. Brasília: EC/SEF, 1997.

BRETONES, Paulo Sérgio. *Os segredos do Sistema Solar*. São Paulo: Atual, 2011. (Coleção Projeto Ciência).

CANIATO, Rodolfo. *As linguagens da Física*. São Paulo: Ática, 1990. (Coleção Na Sala de Aula).

_________. *O céu*. São Paulo: Ática, 1990.

CARRETERO, Mario. *Construtivismo e educação*. Porto Alegre: Artmed, 1997.

CARVALHO, Anna Maria Pessoa et al. *Ciências no Ensino Fundamental*: o conhecimento físico. São Paulo: Scipione, 1998.

CHASSOT, Attico. *A Ciência através dos tempos*. São Paulo: Moderna, 1994.

CIÊNCIA HOJE NA ESCOLA. Céu e Terra, Corpo Humano e Saúde, Meio Ambiente e Águas, Ver e Ouvir, Tempo e Espaço. Rio de Janeiro/São Paulo: SBPC/Global, 1999.

COLL, César et al. *Aprendizagem escolar e construção do conhecimento*. Porto Alegre: Artmed, 1994.

CUNHA CAMPOS, Maria Cristina; NIGRO, Rogério Gonçalves. *Didática de Ciências* — O ensino-aprendizagem como investigação. São Paulo: FTD, 1999.

DEMO, Pedro. *Educação e alfabetização científica*. Campinas: Papirus, 2010.

EQUIPE BEĨ. *Minerais ao alcance de todos*. São Paulo: BEĨ, 2004. (Coleção Entenda e Aprenda).

FRISCH, Johan D.; FRISCH, Christian D. *Aves brasileiras e plantas que as atraem*. São Paulo: Dalgas Ecoltec, 2005.

FUNDACENTRO. *Prevenção de acidentes com animais peçonhentos*. São Paulo: Fundacentro, 2001.

HAWKING, Lucy; HAWKING, Stephen. Trad. ALVES, L. *George e o segredo do Universo*. Rio de Janeiro: Ediouro, 2007.

HORVATH, Jorge E. *O ABCD da Astronomia e Astrofísica*. São Paulo: Editora Livraria da Física, 2008.

LOMBARDI, Gláucia. *Animais brasileiros ameaçados de extinção*. 5. ed. São Paulo: Paulus, 1997.

MACEDO, Lino. *Ensaios construtivistas*. São Paulo: Casa do Psicólogo, 1994.

MACHADO, Nilton José. *Cidadania e educação*. São Paulo: Escrituras, 1997.

MAGOSSI, Luiz Roberto; BONACELLA, Paulo Henrique. *Poluição das águas*. São Paulo: Moderna, 2003. (Coleção Desafios).

MARGULIS, Lynn; SAGAN, Dorion. *Microcosmos*: quatro bilhões de anos de evolução microbiana. São Paulo: Cultrix, 2004.

MARGULIS, Lynn; SCHWARTZ, Kariene V. *Cinco reinos* — Um guia ilustrado dos filos da vida na Terra. 3. ed. Rio de Janeiro: Guanabara Koogan, 2001.

PERELMAN, Yakov. *Física recreativa*. Moscou: Editorial Mir, 1983. Livros 1 e 2.

PERRENOUD, Philippe. *10 novas competências para ensinar*. Porto Alegre: Artmed, 2000.

POUGH, F. Harvey; JANIS, Christine M.; HEISER, John B. *A vida dos vertebrados*. São Paulo: Atheneu, 2008.

PRESS, Frank et al. *Para entender a Terra*. Porto Alegre: Bookman, 2006.

PURVES, William K. et al. *Vida* — A Ciência da Biologia. 6. ed. Porto Alegre: Artmed, 2002.

RICKLEFS, Robert E. *A economia da natureza*. Rio de Janeiro: Guanabara Koogan, 2003.

RODRIGUES, Francisco Luiz; CAVINATTO, Vilma Maria. *Lixo*: de onde vem?, Para onde vai?. São Paulo: Moderna, 2003. (Coleção Desafios).

RONAN, Colin A. *História ilustrada da Ciência*. Rio de Janeiro: Jorge Zahar, 1994.

SAGAN, Carl. *Bilhões e bilhões*. São Paulo: Companhia das Letras, 1998.

SCHMIDT-NIELSEN, Knut. *Fisiologia animal*: adaptação e meio ambiente. São Paulo: Santos, 2000.

TEIXEIRA, Wilson et al. (Org.). *Decifrando a Terra*. São Paulo: Oficina de Textos, 2000.

THE EARTHWORKS GROUP. *50 coisas simples que as crianças podem fazer para salvar a Terra*. Rio de Janeiro: José Olympio, 1993.

TORTORA, Gerard J. *Corpo humano*: fundamentos de Anatomia e Fisiologia. Porto Alegre: Artmed, 2006.

VYGOTSKY, Lev Semyonovich. *Formação social da mente*. São Paulo: Martins Fontes, 1984.

_________. *Pensamento e linguagem*. Lisboa: Antídoto, 1971.

WEISSMANN, Hilda (Org.). *Didática das Ciências Naturais*: contribuições e reflexões. Porto Alegre: Artmed, 1998.

WORTMANN, Maria Lucia Castagna; SOUZA, Nadia Geisa Silveira; KINDEL, Eunice Aita Isaia (Org.). *O estudo dos vertebrados na escola fundamental*. São Leopoldo: Ed. da Unisinos, 1997.

LIGAMUNDO

CIÊNCIAS

CÉSAR DA SILVA JÚNIOR • SEZAR SASSON
PAULO SÉRGIO BEDAQUE SANCHES
SONELISE AUXILIADORA CIZOTO • DÉBORA CRISTINA DE ASSIS GODOY

CADERNO DE ATIVIDADES

NOME: ____ TURMA: ________

ESCOLA: ____

3º ano
Ensino Fundamental • Anos Iniciais

Editora Saraiva
São Paulo – 1ª edição – 2018

Editora Saraiva

Direção geral: Guilherme Luz
Direção editorial: Luiz Tonolli e Renata Mascarenhas
Gestão de projeto editorial: Tatiany Renó
Gestão e coordenação de área: Isabel Rebelo Roque
Edição: Daniella Drusian Gomes e Luciana Nicoleti
Gerência de produção editorial: Ricardo de Gan Braga
Planejamento e controle de produção: Paula Godo, Roseli Said e Marcos Toledo
Revisão: Hélia de Jesus Gonsaga (ger.), Kátia Scaff Marques (coord.), Rosângela Muricy (coord.), Ana Paula C. Malfa, Arali Gomes, Cesar G. Sacramento, Daniela Lima, Hires Heglan, Patricia Cordeiro e Paula T. de Jesus
Arte: Daniela Amaral (ger.), André Gomes Vitale (coord.) e Renato Akira dos Santos (edit. arte)
Diagramação: MRS Editorial
Iconografia: Sílvio Kligin (ger.), Roberto Silva (coord.), Roberta Freire (pesquisa iconográfica)
Licenciamento de conteúdos de terceiros: Thiago Fontana (coord.), Angra Marques e Flavia Zambon (licenciamento de textos), Erika Ramires, Luciana Pedrosa Bierbauer e Claudia Rodrigues (analistas adm.)
Tratamento de imagem: Cesar Wolf e Fernanda Crevin
Ilustrações: Waldomiro Neto e Danillo Souza
Design: Gláucia Correa Koller (ger.), Flávia Dutra (proj. gráfico), Talita Guedes da Silva (capa) e Gustavo Natalino Vanini (assit. arte)

Todos os direitos reservados por Saraiva Educação S.A.
Avenida das Nações Unidas, 7221, 1º andar, Setor A – Espaço 2 – Pinheiros – SP – CEP 05425-902
SAC 0800 011 7875
www.editorasaraiva.com.br

2020
Código da obra CL 800587
CAE 628043 (AL) / 628044 (PR)
1ª edição
1ª impressão

CÓPIA NÃO AUTORIZADA É CRIME
ABDR
ASSOCIAÇÃO BRASILEIRA DE DIREITOS REPROGRÁFICOS
RESPEITE O DIREITO AUTORAL

Impressão e acabamento: Gráfica Eskenazi

Uma publicação SOMOS EDUCAÇÃO

Apresentação

Fazer é aprender. Você já ouviu essa frase?

Ao resolver as atividades deste caderno, você vai aprender muito. Imagens, textos gostosos e perguntas farão você pensar sobre o mundo à nossa volta. Aprender Ciências é entender melhor nosso corpo, nosso planeta e o Universo em que vivemos. Seja bem-vindo a esta aventura!

Waldomiro Neto/Arquivo da editora

Sumário

Arthur Anker/Acervo do fotógrafo

Locomoção e nutrição

Os animais: diferenças e semelhanças

1 **Preencha os espaços a seguir. Use os termos do banco de palavras.**

nadar	locomoção	voar	alimentar	andar

a) Todos os animais precisam se .... Cada animal, porém, tem sua própria dieta alimentar.

b) A .... é uma característica de grande parte dos animais; porém, alguns deles vivem fixos no ambiente.

c) Os animais se locomovem de formas diferentes: as aves podem ....; os peixes, ...; e as pessoas podem .... ou correr, por exemplo.

Locomoção

2 **Observe os animais a seguir e ligue os pares que se locomovem de forma semelhante.**

• Elementos não proporcionais entre si

Alamy/Fotoarena

Mike Price/Shutterstock

Callipso/Shutterstock

Independent birds/Shutterstock

bluehand/Shutterstock

Paulina Rosales/Shutterstock

3 Observe atentamente as imagens a seguir e leia as legendas.

AleksandraJanicka/Shutterstock

Ambiente natural da rã.

Alamy/Fotoarena

Perna traseira de uma rã.

- A perna traseira da rã está relacionada com a locomoção no ambiente em que ela vive? Explique.

....

....

....

....

4 Observe as imagens de dois tipos de caranguejo.

• Elementos não proporcionais entre si

Alamy/Fotoarena

Siri-azul.

Arthur Anker/Acervo do fotógrafo

Aratu-vermelho.

a) Compare o último par de pernas dos dois caranguejos, na parte de baixo das fotos. Qual deles é mais parecido com remos?

☐ o do siri-azul ☐ o do aratu-vermelho

b) Qual dos animais você acha que se locomove melhor:

- na água: ....
- na areia: ....

Alimentação

5 **Observe as imagens de alguns seres vivos e use as palavras do quadro abaixo para completar o texto das legendas.**

carnívoro	onívoro	herbívoro

Patrick Foto/Shutterstock

a) O néctar das plantas é o principal alimento da borboleta. Ela é um animal ....

Gerson Gerloff/Pulsar Imagens

b) O sabiá come minhocas, insetos e frutos. Ele é um animal ....

Marcos Amend/Pulsar Imagens

c) A ariranha alimenta-se somente de carnes, como peixes e cobras. Ela é um animal ....

6 **Desenhe no prato os alimentos que você comeu ontem no almoço ou no jantar.**

romvo/Shutterstock

- Com base no seu desenho, a refeição que você fez é semelhante à de um animal:

☐ herbívoro. ☐ carnívoro. ☐ onívoro.

Revestimento e reprodução

A cobertura do corpo dos animais

7 Procure no diagrama quatro tipos de cobertura do corpo dos animais.

C	N	C	A	T	P	F	L	J	A	E	G
A	H	M	A	C	Y	P	I	T	M	V	B
R	A	L	P	E	S	C	A	M	A	S	S
A	L	D	I	P	T	K	I	R	N	P	E
P	W	O	Z	P	U	R	M	O	P	J	L
A	T	P	M	N	Z	W	L	P	E	P	X
Ç	O	A	B	D	C	O	D	U	N	Q	P
A	Q	P	E	L	O	S	E	Y	A	Ç	R
S	S	N	U	F	S	D	W	Q	S	I	O

- Escreva abaixo os termos encontrados e o nome de um animal que possui cada uma dessas coberturas.

Como nasce um novo ser

8 **Leia algumas características da ave saíra-beija-flor. Marque um X naquelas que estão relacionadas à sua reprodução.**

☐ Os machos têm a cor da plumagem em um tom de verde semelhante ao das fêmeas.

☐ Em certos períodos do ano, os machos mudam de plumagem para uma coloração brilhante, especialmente nos tons de azul e preto, e assim atraem as fêmeas.

☐ A fêmea faz um ninho em formato de tigela rasa fixada com teias de aranha, onde choca 2 a 3 ovos por ninhada.

☐ Essa ave se alimenta de insetos, frutas e do néctar das flores.

☐ Vive em pequenos bandos, tanto nas copas de árvores de grande porte de florestas, como na mata mais baixa.

- Observe a fotografia destas aves. Copie a frase acima que pode ser usada como legenda desta imagem.

Walter Mello/Acervo do fotógrafo

9 As imagens abaixo mostram o desenvolvimento dos sapos e das borboletas.

- Esquemas simplificados
- Elementos não proporcionais entre si

Rosa Jay/Shutterstock

jps/Shutterstock

a) Contorne as seguintes etapas do desenvolvimento desses animais com as cores indicadas.

BORBOLETA ADULTA

LAGARTA

GIRINO

SAPO ADULTO

b) De onde vêm os girinos e as lagartas? Desenhe nos espaços abaixo de onde nasce cada animal.

Girino.

Lagarta.

Diversidade animal: os vertebrados

Como podemos classificar os animais?

10 Observe as fotografias de dois animais.

1

Aleksandar Grozdanovski/Shutterstock

2

Paul Michael Hughes/Shutterstock

a) Que animais são esses?

- Animal 1: ....
- Animal 2: ....

b) Classifique os dois animais.

Animal 1: ☐ invertebrado ☐ vertebrado

Animal 2: ☐ invertebrado ☐ vertebrado

c) Desenhe ou cole abaixo imagens de outros animais, separando-os em dois grupos.

INVERTEBRADOS	VERTEBRADOS

As características dos vertebrados

11 O esquema abaixo representa o esqueleto de um animal.

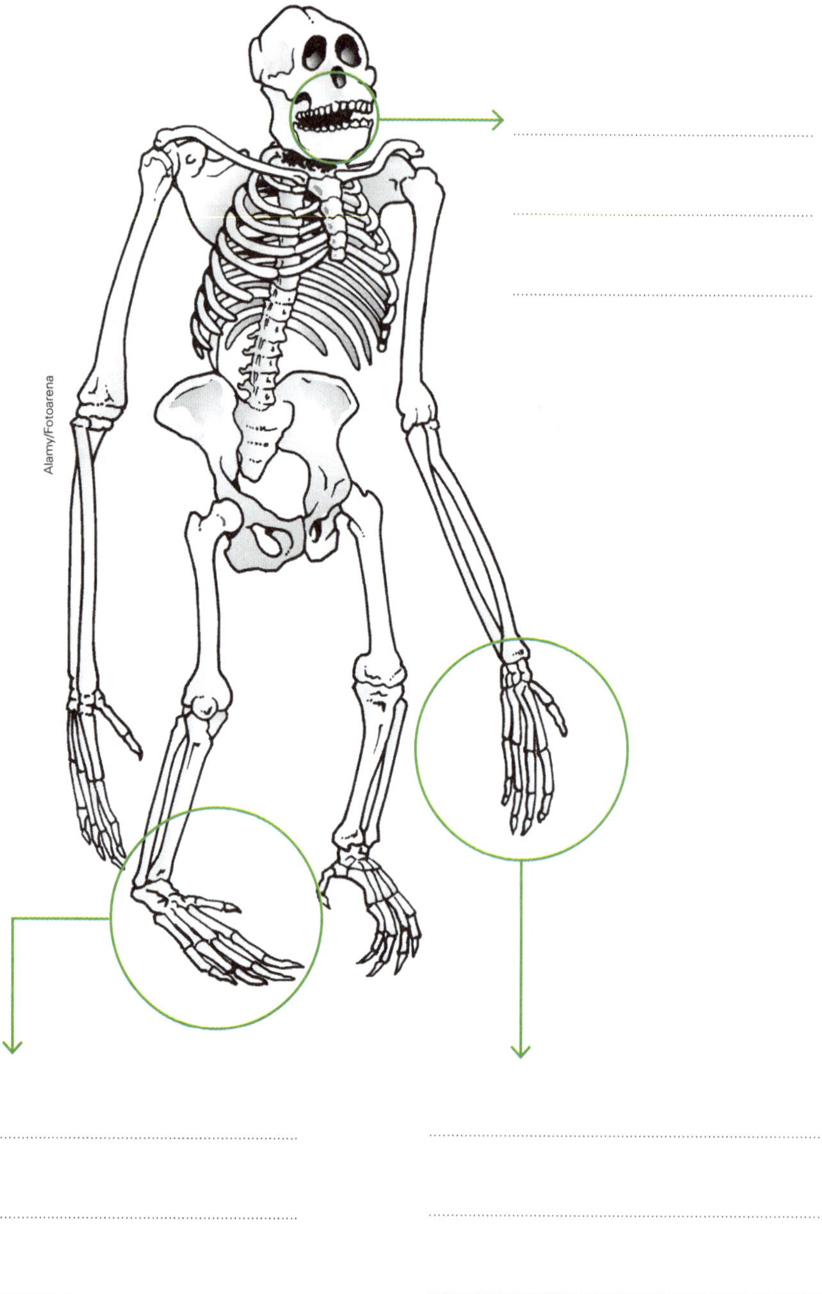

a) Você sabe de que animal é esse esqueleto? Escreva o nome dele.

b) Pinte de verde a coluna vertebral e de vermelho o crânio.

c) Observe as partes do esqueleto que estão em destaque e escreva um movimento que cada uma delas faz.

Os grupos dos vertebrados

12 Escreva o nome dos grupos de vertebrados e uma característica para cada um deles.

• Elementos não proporcionais entre si

Anastasija Popova/Shutterstock

Filipe Frazao/Shutterstock

nattanan726/Shutterstock

Olhastock/Shutterstock

mexrix/Shutterstock

Diversidade animal: os invertebrados

Todos os animais têm ossos?

• Elementos não proporcionais entre si

13 Contorne cinco animais que não possuem ossos.

Rich Carey/Shutterstock

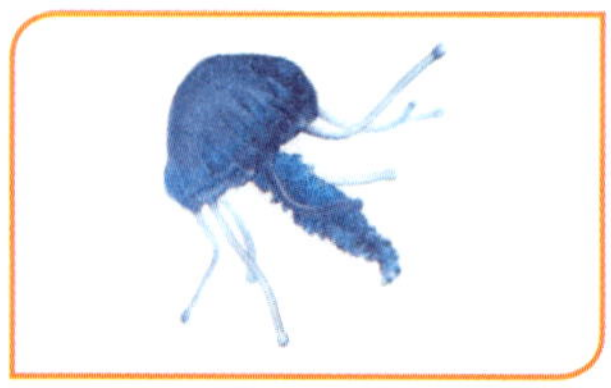
Jiri Vaclavek/Shutterstock

Butterfly Hunter/Shutterstock

hsagencia/Shutterstock

nuwatphoto/Shutterstock

Hintau Aliaksei/Shutterstock

Nathapol Kongseang/Shutterstock

pio3/Shutterstock

Michiel de Wit/Shutterstock

Pixfiction/Shutterstock

Tsekhmister/Shutterstock

suns07butterfly/Shutterstock

Eric Isselee/Shutterstock

nechaevkon/Shutterstock

Anton Kozyrev/Shutterstock

- Escreva o nome dos animais que você contornou.

....

....

....

14 Leia a tirinha a seguir.

Reprodução/Mackenzie, 2012

Níquel Náusea. *Folha de S.Paulo*

a) No primeiro quadrinho, o rato cita três semelhanças entre os pássaros e as baratas. Sublinhe, na fala do rato, essas semelhanças.

b) Vertebrado ou invertebrado? Classifique corretamente os animais a seguir:

- Pássaro: ....

- Barata: ....

c) Crie um quadrinho em que o rato apresente uma diferença entre baratas e pássaros.

15 **Leia as informações dos animais e preencha as fichas a seguir. Use também o conhecimento que você adquiriu nesta unidade.**

a) O lobo-guará é um vertebrado, com cerca de 1 metro de altura. Vive cerca de 15 anos, no Cerrado, onde caça pequenos animais e procura ovos e frutos.

Nome: ....

Classificação: vertebrado

Grupo: ....

Altura: ....

Quanto vive: ....

Onde vive: ....

Alimentação: onívoro

Anan Kaewkhammul/Shutterstock

b) O gafanhoto é um animal de cerca de 5 cm de comprimento. Vive alguns meses, em lugares como jardins, campos, plantações ou florestas. Ele pode se alimentar de diversos tipos de folha.

Nome: ....

Classificação: ....

Grupo: ....

Altura: ....

Quanto vive: ....

Onde vive: ....

....

....

Alimentação: ....

Aaron Amat/Shutterstock

Nosso corpo se movimenta

Os ossos

16 À esquerda, você vê alguns conjuntos de ossos; à direita, estão citados, fora de ordem, alguns órgãos que eles protegem.

a) Escreva o nome dos conjuntos de ossos nas linhas abaixo deles.

b) Ligue cada conjunto de ossos ao nome do órgão que ele protege.

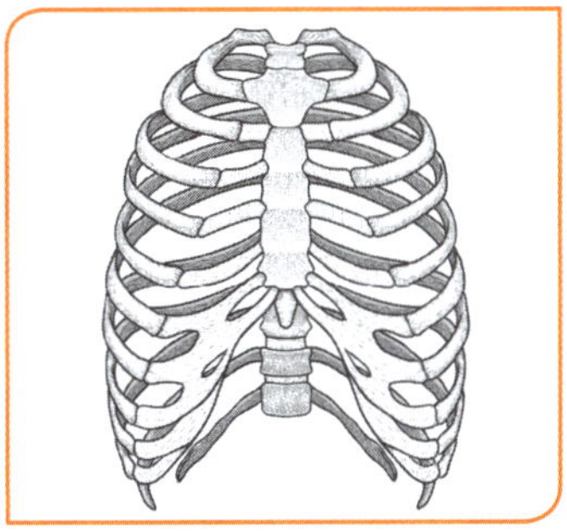

Satymova Alena/Shutterstock

....

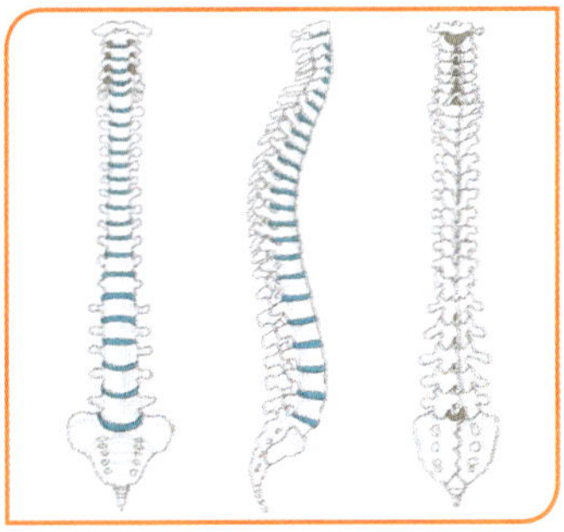

udaix/Shutterstock

....

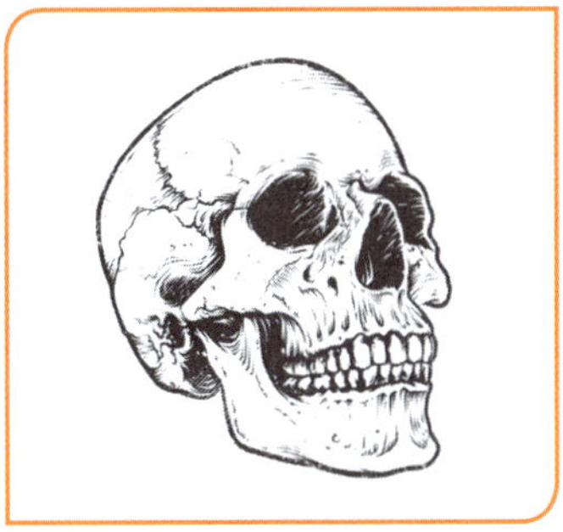

Vecster/Shutterstock

....

Cérebro

Coração

Pulmões

Medula espinal

17 Quando corremos, movimentamos muitas partes do nosso corpo. Os movimentos ocorrem a partir dos pontos em que há o encaixe dos ossos.

a) Escreva o nome dos pontos indicados abaixo.

Lina Truman/Shutterstock

b) Você é capaz de reconhecer as articulações dos pontos identificados acima? Observe cada uma delas e escreva o número correspondente.

Vector Tradition/Shutterstock

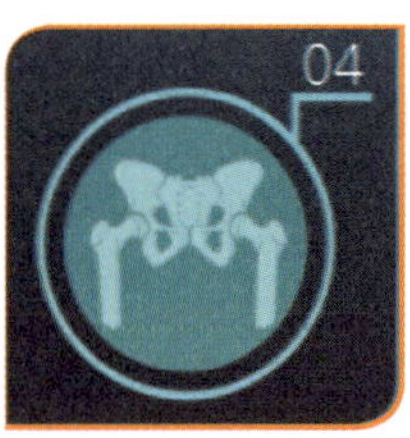

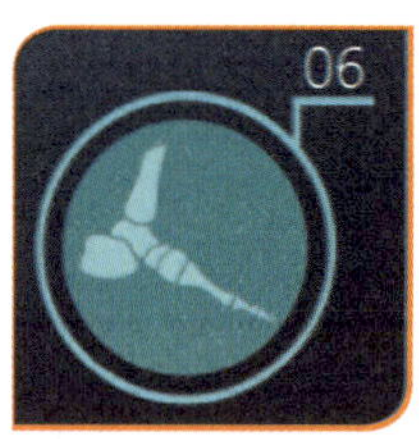

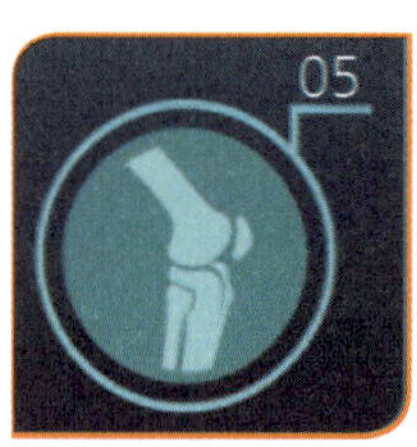

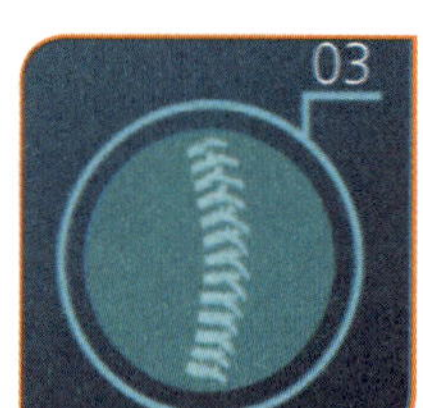

Os músculos

18 A imagem a seguir mostra alguns gestos que os ciclistas usam para se comunicar no trânsito.

Vou virar à esquerda.

Pare aí.

Vou virar à direita.

Vou parar.

Ilustrações: Danilo Souza/Arquivo da editora

- Em relação ao movimento de dobrar e de esticar o braço podemos afirmar:

  - [ ] É voluntário e o comando é dado aos músculos.
  - [ ] É voluntário e o comando é dado aos ossos.
  - [ ] É involuntário e, portanto, fica fora do nosso controle.

19 **Quando brincamos de amarelinha, praticamos também uma atividade física.**

Alamy/Fotoarena

Crianças brincando de amarelinha.

a) Complete a seguinte frase:

- A amarelinha ajuda a desenvolver os músculos das .... e o equilíbrio do ....

b) Pense em uma brincadeira que ajude a desenvolver os músculos dos braços e escreva o nome dela.

....

....

Como percebemos o mundo

Os sentidos

20 **Luan e Priscila gostam de brincar de vendar os olhos para tentar identificar objetos e cômodos da casa onde moram. Observe atentamente a casa deles.**

Danillo Souza/Arquivo da editora

a) Luan pode reconhecer um objeto pelo som. Qual? Em que cômodo esse objeto está?

....

....

b) Apenas usando o olfato, Priscila pode reconhecer alguns cômodos da casa. Que cômodos seriam esses? Como Priscila consegue identificar esses cômodos?

....

....

c) Complete a frase:

Com os olhos vendados e usando apenas o ...., Luan identificou um sofá. Ele percebeu então que estava ....

d) Contorne um objeto do banheiro que Priscila poderá identificar usando o tato.

e) E na sua casa? Que cômodo você consegue identificar usando apenas a audição ou o olfato? O que ofereceu pistas para você identificar esse cômodo?

....

21 Há empresas que têm detectores de fumaça. Esses aparelhos, quando detectam fumaça, emitem um alarme. Alguns aparelhos, além de alarme sonoro, também acendem luzes.

nikkytok/Shutterstock

Sensor de fumaça.

- Qual é a vantagem de existir, em um ambiente, um aparelho que percebe a fumaça e dá um aviso soando um alarme e acionando luzes?

....

....

....

....

22 Escreva o nome de todos os sentidos usados pelas crianças no que estão fazendo nas duas situações abaixo.

Africa Studio/Shutterstock

....

....

Rawpixel.com/Shutterstock

....

....

23 Quais das imagens abaixo representam formas de ajudar pessoas com deficiência visual a se locomoverem e a se comunicarem?

Inked Pixels/Shutterstock

Rodrigo Marcondes/Folhapress

Africa Studio/Shutterstock

Steve Lovegrove/Shutterstock

- Uma das imagens acima mostra uma situação que não ajuda a pessoa com deficiência visual. Que mudança você faria para ajudar a pessoa com deficiência?

....

....

....

24 Observe o caminho de sua casa até a escola ou até locais próximos, como padarias e farmácias. Há nesses caminhos algo que ajuda na locomoção de pessoas com deficiência visual ou auditiva? Escreva esses exemplos.

....

....

....

Eu me comunico com todo mundo

Comunicação

25 Dois grupos de crianças estão brincando de adivinhar o nome de seres vivos.

a) Artur está brincando com os amigos e precisa que eles adivinhem o animal que ele tirou no sorteio. A regra do jogo é que Artur não pode falar nem escrever o nome do animal. Como ele está se comunicando com o seu grupo?

Alamy/Fotoarena

b) O desenho é outra forma que usamos para nos comunicar. Faça um desenho do animal que Artur está imitando.

Som

26 A fala é uma característica do ser humano, mas outros animais também se comunicam por sons. Damos nomes aos sons que os animais emitem. Veja a lista abaixo e complete as lacunas.

zumbe	ladra	relincha	ruge	uiva

a) O leão ....

b) A abelha ....

c) O lobo ....

d) O cão ....

e) O cavalo ....

Luz

27 Encontre no diagrama quatro exemplos de corpos luminosos.

C	N	C	A	T	P	F	L	J	A	E	G	A
R	A	M	L	T	J	P	Y	T	M	V	L	G
P	A	L	Â	E	Y	C	D	M	P	S	A	U
A	L	D	M	P	A	T	W	R	N	O	N	N
W	J	O	P	P	Z	S	O	L	P	J	T	A
S	T	P	A	N	Z	W	L	P	E	P	E	U
Ç	O	A	D	I	C	O	D	U	V	G	R	E
I	Q	P	A	L	V	E	L	A	A	R	N	T
S	S	N	U	F	S	D	W	Q	S	I	A	Z

28 Como se formam as imagens que vemos?

a) Usando números de 1 a 4, coloque as frases a seguir na ordem correta.

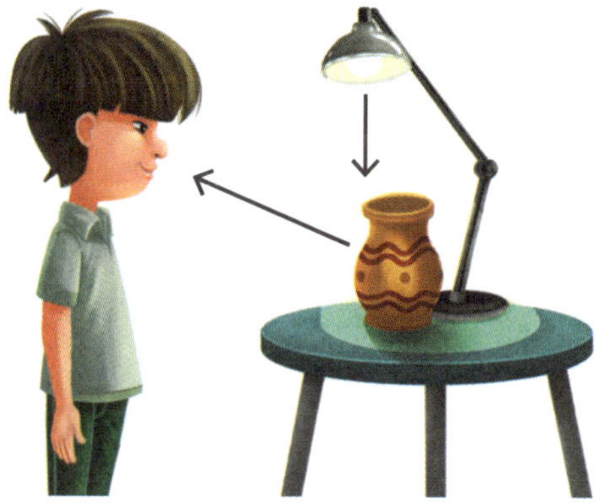

Danillo Souza/Arquivo da editora

☐ Os objetos refletem a luz que recebem.

☐ A luz entra pela pupila dos olhos e forma uma imagem na retina.

☐ Corpos luminosos emitem luz própria.

☐ A imagem formada é enviada para o cérebro, que a interpreta.

b) Desenhe a pupila do menino nas seguintes situações:

- se o ambiente estiver pouco iluminado.

Ilustrações: Danillo Souza/Arquivo da editora

- se o ambiente estiver muito iluminado.

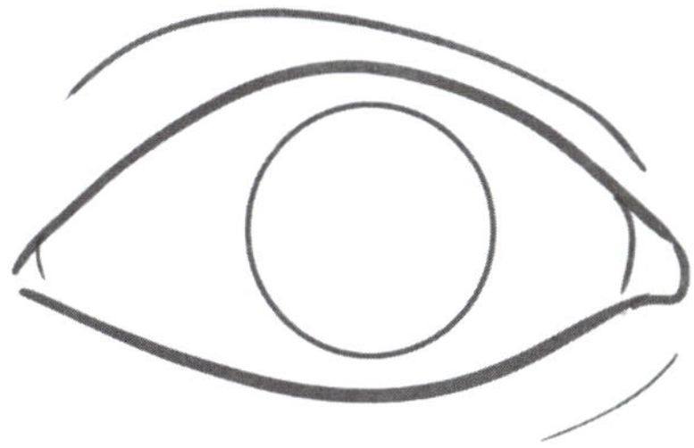

Por dentro da Terra

Como é o planeta Terra

29 **Observe a ilustração esquemática do planeta Terra e faça o que se pede.**

a) Escreva o nome das camadas da Terra.

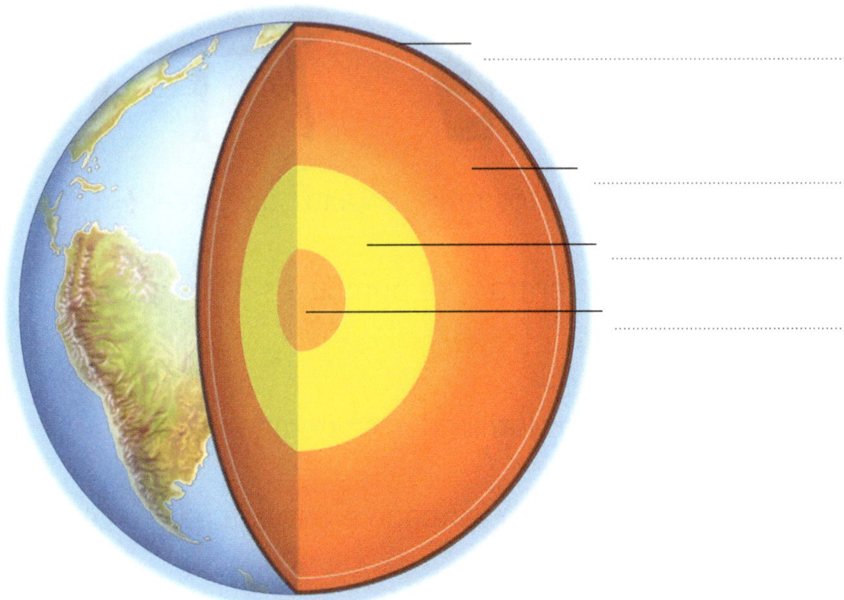

Paulo César Pereira/Arquivo da editora

b) Identifique com um traço e registre onde fica a hidrosfera.

c) Qual é o nome da camada representada em azul, em volta do planeta?

30 **Observe a fotografia abaixo. Onde é formada a lava que desce pela encosta desse vulcão? Assinale com um X.**

Alamy/Fotoarena

Vulcão ativo em Reunião, ilha que pertence à França, em 2018.

- [ ] Crosta terrestre.
- [ ] Núcleo externo.
- [ ] Manto.
- [ ] Núcleo interno.
- [ ] Hidrosfera.

31 **Preencha a cruzadinha a seguir.**

1. Camada que forma a superfície da Terra.
2. Rocha usada como revestimento de pisos, paredes e pias.
3. Camada de gases que envolve o planeta.
4. Conjunto de toda a água presente nos oceanos, nos rios, nos lagos, no subsolo e nas geleiras.
5. Rocha verde usada na fabricação de joias.
6. Camada formada por parte superior sólida e parte inferior pastosa.
7. Camada mais interna da Terra.
8. Principal metal usado na fabricação do aço.

Fabio Colombini/ Acervo do fotógrafo

Fabio Colombini/ Acervo do fotógrafo

Fabio Colombini/Acervo do fotógrafo

O movimento da crosta terrestre

32 Observe as fotografias.

Asfalto partido na Nova Zelândia.

Vulcão Kyushu, no Japão.

a) Que fenômeno aconteceu para rachar o asfalto na fotografia 1?

....

b) O que está acontecendo na fotografia 2?

....

c) Complete a frase:

- Estes dois fenômenos, o terremoto e a erupção de um vulcão, são causados pela ....

33 **No Brasil os tremores de terra são raros e fracos e não há vulcanismo. Por que no Brasil não ocorrem esses fenômenos naturais? Assinale com um X a frase que apresenta a resposta correta.**

- [ ] O Brasil está situado nas bordas de placas tectônicas.
- [ ] O Brasil não está sobre uma placa tectônica.
- [ ] O Brasil está situado no meio de uma placa tectônica.
- [ ] A placa tectônica em que o Brasil se encontra não está se movendo.
- [ ] Não há magma debaixo da placa tectônica em que o Brasil se encontra.

O solo

Como se formou o solo

34 Quando fazemos um corte no solo, observamos que ele possui diferentes camadas. Veja.

iDin/Shutterstock

a) Identifique as diferentes camadas que formam este solo.

b) Em qual delas há húmus? Por quê?

c) O que pode acontecer com a camada mais escura se a vegetação for retirada do solo?

Os solos são todos iguais?

35 Leia a lista de componentes de um tipo de solo.

- Minerais (incluem grãos de areia e argila)
- Água
- Ar
- Matéria orgânica (húmus)

a) Esses componentes podem ser representados por meio de um gráfico, de acordo com a quantidade de cada um deles. Observe.

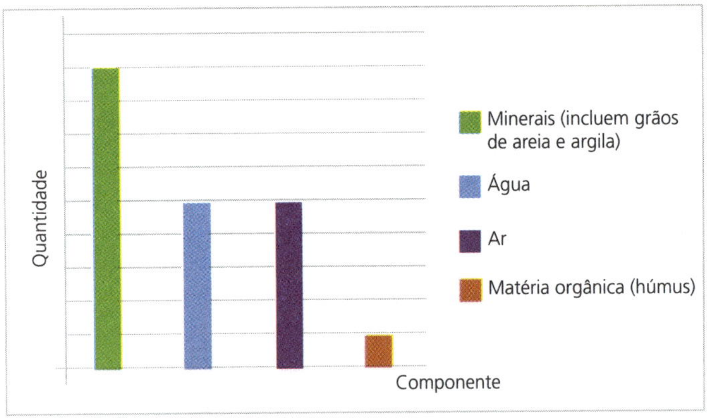

- Qual componente existe em maior quantidade?

....

- Quais componentes existem em quantidades semelhantes?

....

- Qual componente existe em menor quantidade?

....

b) Além desses componentes, o solo também contém seres vivos. Cite exemplos de seres vivos que podem estar presentes no solo.

....

....

Como usamos o solo

36 Observe a fotografia.

Floresta na Polônia, 2015.

a) Marque um **X** nas alternativas que apresentam o que pode haver no solo de uma floresta.

- [ ] Partes de plantas e de animais.
- [ ] Restos de animais e vegetais mortos.
- [ ] Concreto.
- [ ] Urina e fezes de animais.

b) O que deve acontecer com o solo da floresta se a vegetação dessa área for retirada?

....

....

....

....

....

37 A região representada na imagem era coberta por uma floresta. Essa área foi desmatada e o ambiente transformado.

Natykach Nataliia/Shutterstock

■ Como o solo está sendo usado atualmente?

....

38 Encontre no diagrama a seguir os termos que completam as frases.

a) O trabalho .... tem várias etapas: arar, adubar e irrigar o solo, controlar os insetos invasores e fazer a colheita.

b) Os .... são extraídos do subsolo, ou seja, das camadas mais profundas do solo.

c) Além do cultivo de plantas, podemos usar o solo para a criação de

....

d) Usamos o solo para construções de todo tipo. Áreas urbanas, como as ...., possuem alta concentração de moradias.

Y	O	M	N	H	Y	B	G	T	V	A	A	C
M	T	B	I	V	A	C	Z	B	R	V	N	P
A	G	R	Í	C	O	L	A	A	S	P	I	R
Q	V	S	C	I	D	A	D	E	S	D	M	D
R	B	L	M	A	V	M	I	B	T	P	A	Q
W	E	F	R	T	H	U	I	P	L	K	I	N
M	I	N	É	R	I	O	S	U	N	P	S	F